I0158614

PREFAZIONE

La raccolta di frasari da viaggio "Andrà tutto bene!" pubblicati da T&P Books è destinata a coloro che viaggiano all'estero per turismo e per motivi professionali. I frasari contengono ciò che conta di più - gli elementi essenziali per la comunicazione di base. Questa è un'indispensabile serie di frasi utili per "sopravvivere" durante i soggiorni all'estero.

Questo frasario potrà esservi di aiuto nella maggior parte dei casi in cui dovrete chiedere informazioni, ottenere indicazioni stradali, domandare quanto costa qualcosa, ecc. Risulterà molto utile per risolvere situazioni dove la comunicazione è difficile e i gesti non possono aiutarci.

Questo libro contiene molte frasi che sono state raggruppate a seconda degli argomenti più importanti. Inoltre, una sezione separata del libro include un piccolo dizionario con più di 1.500 termini utili ed importanti.

Durante i vostri viaggi portate con voi il frasario "Andrà tutto bene!" e disporrete di un insostituibile compagno di viaggio che vi aiuterà nei momenti di difficoltà e vi insegnerà a non avere paura di parlare in un'altra lingua straniera.

INDICE

T&P Books Publishing

La raccolta di frasari da viaggio
"Andrà tutto bene!"

T&P Books Publishing

FRASARIO

ARABO

I TERMINI E LE ESPRESSIONI PIÙ UTILI

Questo frasario contiene espressioni e domande di uso comune che risulteranno utili per intraprendere conversazioni di base con gli stranieri

Andrey Taranov

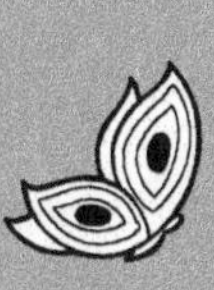

T&P BOOKS

Frasario + dizionario da 1500 vocaboli

Frasario Italiano-Arabo e dizionario ridotto da 1500 vocaboli

Di Andrey Taranov

La raccolta di frasari da viaggio "Andrà tutto bene!" pubblicati da T&P Books è destinata a coloro che viaggiano all'estero per turismo e per motivi professionali. I frasari contengono ciò che conta di più - gli elementi essenziali per la comunicazione di base. Questa è un'indispensabile serie di frasi utili per "sopravvivere" durante i soggiorni all'estero.

Una sezione del libro contiene anche un piccolo dizionario con più di 1.500 vocaboli. Il dizionario include molti termini gastronomici che risulteranno utili per ordinare pietanze al ristorante o per fare acquisti di genere alimentare.

Copyright © 2018 T&P Books Publishing

Tutti i diritti riservati. Nessuna parte del presente volume può essere riprodotta o trasmessa in qualsiasi forma o con qualsiasi mezzo elettronico, meccanico, fotocopie, registrazioni o riproduzioni senza l'autorizzazione scritta dell'editore.

T&P Books Publishing
www.tpbooks.com

ISBN: 978-1-78716-972-2

Questo libro è disponibile anche in formato e-book.
Visitate il sito www.tpbooks.com o le principali librerie online.

PRONUNCIA

Alfabeto fonetico T&P	Esempio arabo	Esempio italiano
[a]	[ṭaffa] طفّى	macchia
[ā]	[iχtār] إختار	scusare
[e]	[hamburger] هامبورجر	meno, leggere
[i]	[zifāf] زفاف	vittoria
[ī]	[abrīl] أبريل	scacchi
[u]	[kalkutta] كلكتا	prugno
[ū]	[ʒāmūs] جاموس	luccio
[b]	[bidāya] بداية	bianco
[d]	[saʿāda] سعادة	doccia
[ḍ]	[waḍʿ] وضع	[d] faringale
[ʒ]	[arʒantīn] الأرجنتين	beige
[ð]	[tiðkār] تذكار	[th] faringalizzato
[ẓ]	[ẓahar] ظهر	[z] faringale
[f]	[χafīf] خفيف	ferrovia
[g]	[gūlf] جولف	guerriero
[h]	[ittiʒāh] إتّجاه	[h] aspirate
[ḥ]	[aḥabb] أحبّ	[h] faringale
[y]	[ðahabiy] ذهبيّ	New York
[k]	[kursiy] كرسيّ	cometa
[l]	[lamaḥ] لمح	saluto
[m]	[marṣad] مرصد	mostra
[n]	[ʒanūb] جنوب	novanta
[p]	[kaputʃīnu] كابتشينو	pieno
[q]	[waθiq] وثق	cometa
[r]	[rūḥ] روح	ritmo, raro
[s]	[suχriyya] سخريّة	sapere
[ṣ]	[miʿṣam] معصم	[s] faringale
[ʃ]	[ʿaʃāʾ] عشاء	ruscello
[t]	[tannūb] تنّوب	tattica
[ṭ]	[χarīṭa] خريطة	[t] faringale
[θ]	[mamūθ] ماموث	Toscana (dialetto toscano)
[v]	[vitnām] فيتنام	volare
[w]	[waddaʿ] ودّع	week-end
[χ]	[baχīl] بخيل	[h] dolce
[ɣ]	[taɣadda] تغدّى	simile gufo, gatto
[z]	[māʿiz] ماعز	rosa

Alfabeto fonetico T&P	Esempio arabo	Esempio italiano
[ʿ] (ayn)	[sabʿa] سبعة	fricativa faringale sonora
[ʾ] (hamza)	[saʾal] سأل	occlusiva glottidale sorda

LISTA DELLE ABBREVIAZIONI

Arabo. Abbreviazioni

du	-	sostantivo plurale (duale)
f	-	sostantivo femminile
m	-	sostantivo maschile
pl	-	plurale

Italiano. Abbreviazioni

agg	-	aggettivo
anim.	-	animato
avv	-	avverbio
cong	-	congiunzione
ecc.	-	eccetera
f	-	sostantivo femminile
f pl	-	femminile plurale
fem.	-	femminile
form.	-	formale
inanim.	-	inanimato
inform.	-	familiare
m	-	sostantivo maschile
m pl	-	maschile plurale
m, f	-	maschile, femminile
masc.	-	maschile
mil.	-	militare
pl	-	plurale
pron	-	pronome
qc	-	qualcosa
qn	-	qualcuno
sing.	-	singolare
v aus	-	verbo ausiliare
vi	-	verbo intransitivo
vi, vt	-	verbo intransitivo, transitivo
vr	-	verbo riflessivo
vt	-	verbo transitivo

FRASARIO ARABO

Questa sezione contiene frasi importanti che potranno rivelarsi utili in varie situazioni di vita quotidiana. Il frasario vi sarà di aiuto per chiedere indicazioni, chiarire il prezzo di qualcosa, comprare dei biglietti e ordinare pietanze in un ristorante

T&P Books Publishing

INDICE DEL FRASARIO

T&P Books Publishing

Il minimo indispensabile

Mi scusi, …	ba‘d ezznak, … بعد إذنك، …
Buongiorno.	ahlan أهلا
Grazie.	ʃokran شكرا
Arrivederci.	ella alliqā’ إلى اللقاء
Sì.	aywā أيوة
No.	la’a لأ
Non lo so.	ma‘rafʃ ما أعرفش
Dove? | Dove? (~ stai andando?) | Quando?	feyn? | lefeyn? | emta? فين؟ | لفين؟ | إمتى؟

Ho bisogno di …	meḥtāg … محتاج …
Voglio …	‘āyez … عايز …
Avete …?	ya tara ‘andak …? يا ترى عندك… ؟
C'è un /una/ … qui?	feyh hena …? فيه هنا …؟
Posso …?	momken …? ممكن …؟
per favore	… men faḍlak … من فضلك

Sto cercando …	ana badawwar ‘la … أنا بادور على …
il bagno	ḥammām حمام
un bancomat	makīnet ṣarraf ’āaly ماكينة صراف آلي
una farmacia	ṣaydaliya صيدلية
un ospedale	mostaʃfa مستشفى
la stazione di polizia	’essm el ʃorṭa قسم شرطة
la metro	metro el anfā’ مترو الأنفاق

un taxi	taksi تاكسي
la stazione (ferroviaria)	mahaṭṭet el ’aṭṭr محطة القطر

Mi chiamo ...	essmy ... إسمي...
Come si chiama?	essmak eyh? اسمك إيه؟
Mi può aiutare, per favore?	te’ddar tesā‘dny? تقدر تساعدني؟
Ho un problema.	ana ‘andy moʃkela أنا عندي مشكلة
Mi sento male.	ana ta‘bān أنا تعبان
Chiamate l'ambulanza!	oṭlob ‘arabeyet eṣ‘āf! أطلب عربية إسعاف!
Posso fare una telefonata?	momken a‘mel mokalma telefoniya? ممكن أعمل مكالمة تليفونية؟

Mi dispiace.	ana ’āṣsif أنا آسف
Prego.	el ‘afw العفو

io	ana أنا
tu	enṭa أنت
lui	howwa هو
lei	hiya هي
loro (m)	homm هم
loro (f)	homm هم
noi	eḥna احنا
voi	entom انتم
Lei	ḥaḍḍretak حضرتك

ENTRATA	doχūl دخول
USCITA	χorūg خروج
FUORI SERVIZIO	‘aṭṭlān عطلان
CHIUSO	moɣlaq مغلق

APERTO	maftūḥ مفتوح
DONNE	lel sayedāt للسيدات
UOMINI	lel regāl للرجال

Domande

Dove?	feyn? فين؟
Dove? (~ stai andando?)	lefeyn? لفين؟
Da dove?	men feyn? من فين؟
Perchè?	leyh? ليه؟
Per quale motivo?	le'ayī sabab? لأي سبب؟
Quando?	emta? إمتى؟
Per quanto tempo?	lehadd emta? لحد إمتى؟
A che ora?	fi ayī sā'a? في أي ساعة؟
Quanto?	bekām? بكام؟
Avete ...?	ya tara 'andak ...? يا ترى عندك ...؟
Dov'e ...?	feyn ...? فين ...؟
Che ore sono?	el sā'a kām? الساعة كام؟
Posso fare una telefonata?	momken a'mel mokalma telefoniya? ممكن أعمل مكالمة تليفونية؟
Chi è?	meyn henāk? مين هناك؟
Si può fumare qui?	momken addaχen hena? ممكن أدخن هنا؟
Posso ...?	momken ...? ممكن ...؟

Necessità

Vorrei ...	aḥebb ... **أحب ...**
Non voglio ...	meʃ ʿāyiz ... **مش عايز ...**
Ho sete.	ana ʿaṭṭʃān **أنا عطشان**
Ho sonno.	ʿāyez anām **عايز أنام**
Voglio ...	ʿāyez ... **عايز ...**
lavarmi	atʃaṭṭaf **أتشطف**
lavare i denti	aɣsel senāny **أغسل سناني**
riposae un po'	artāḥ ʃwaya **أرتاح شوية**
cambiare i vestiti	aɣayar hodūmy **أغير هدومي**
tornare in albergo	argaʿ lel fondoq **أرجع للفندق**
comprare ...	ʃerāʾ ... **شراء ...**
andare a ...	arūḥ le... **أروح لـ...**
visitare ...	azūr ... **أزور ...**
incontrare ...	aʿābel ... **أقابل ...**
fare una telefonata	aʿmel mokalma telefoniya **أعمل مكالمة تليفونية**
Sono stanco.	ana taʿbān **أنا تعبان**
Siamo stanchi.	eḥna taʿbānīn **إحنا تعبانين**
Ho freddo.	ana bardān **أنا بردان**
Ho caldo.	ana ḥarran **أنا حران**
Sto bene.	ana kowayes **أنا كويس**

Devo fare una telefonata.	meḥtāg a'mel mọkalma telefoneya محتاج أعمل مكالمة تليفونية
Devo andare in bagno.	meḥtāg arūḥ el ḥammam محتاج أروح الحمام
Devo andare.	lāzem amʃy لازم أمشي
Devo andare adesso.	lāzem amʃy dellwa'ty لازم أمشي دلوقتي

Come chiedere indicazioni

Mi scusi, ...	ba'd ezznak, ... بعد إذنك، ...
Dove si trova ...?	feyn ...? فين ...؟
Da che parte è ...?	meneyn ...? منين ...؟
Mi può aiutare, per favore?	momken tesā'edny, men faḍlak? ممكن تساعدني، من فضلك؟

Sto cercando ...	ana badawwạr 'la ... أنا بادور على ...
Sto cercando l'uscita.	baddawwar 'la ṭarīq el χorūg بادور على طريق الخروج
Sto andando a ...	ana rāyeḥ le... أنا رايح لـ...
Sto andando nella direzione giusta per ...?	ana māʃy fel ṭarīq el ṣaḥḥ le ...? أنا ماشي في الطريق الصح لـ... ؟

E' lontano?	howwa be'īd? هو بعيد؟
Posso andarci a piedi?	momken awṣal henāk māʃy? ممكن أوصل هناك ماشي؟
Può mostrarmi sulla piantina?	momken tewarrīny 'lal χarīṭa? ممكن توريني على الخريطة؟
Può mostrarmi dove ci troviamo adesso.	momken tewarrīny eḥna feyn dellwa'ty? ممكن توريني إحنا فين دلوقتي؟

Qui	hena هنا
Là	henāk هناك
Da questa parte	men hena من هنا

Giri a destra.	oddχol yemīn ادخل يمين
Giri a sinistra.	oddχol ʃemal ادخل شمال
La prima (la seconda, la terza) strada	awwel (tāny, tālet) ʃāre' أول (تاني، تالت) شارع

a destra	ʿlal yemīn على اليمين
a sinistra	ʿlal ʃemal على الشمال
Vada sempre dritto.	ʿla ṭūl على طول

Segnaletica

BENVENUTO!	marḥaba مرحبا
ENTRATA	doχūl دخول
USCITA	χorūg خروج
SPINGERE	eddfa' إدفع
TIRARE	ess-ḥab إسحب
APERTO	maftūḥ مفتوح
CHIUSO	moɣlaq مغلق
DONNE	lel sayedāt للسيدات
UOMINI	lel regāl للرجال
BAGNO UOMINI	el sāda السادة
BAGNO DONNE	el sayedāt السيدات
SALDI | SCONTI	taχfīḍāt تخفيضات
IN SALDO	okazyōn اوكازيون
GRATIS	maggānan مجانا
NOVITA!	gedīd! جديد!
ATTENZIONE!	ennttabeh! إنتبه!
COMPLETO	mafīʃ makān ما فيش مكان
RISERVATO	maḥgūz محجوز
AMMINISTRAZIONE	el edāra الإدارة
RISERVATO AL PERSONALE	lel 'āmelīn faqaṭ للعاملين فقط

ATTENTI AL CANE!	ehhtaress men el kalb! إحترس من الكلب!
VIETATO FUMARE	mammnū' el tadχīn! ممنوع التدخين!
NON TOCCARE	mammnū' el lammss! ممنوع اللمس!
PERICOLOSO	χaṭīr خطير
PERICOLO	χaṭar خطر
ALTA TENSIONE	gohd 'āly جهد عالي
DIVIETO DI BALNEAZIONE	mammnū' el sebāḥa! ممنوع السباحة!
FUORI SERVIZIO	'aṭṭlān عطلان
INFIAMMABILE	qābel lel eʃte'āl قابل للإشتعال
VIETATO	mammnū' ممنوع
VIETATO L'ACCESSO	mammnū' el taχaṭṭy! ممنوع التخطي!
PITTURA FRESCA	ṭalā' ḥadiis طلاء حديث
CHIUSO PER RESTAURO	moɣlaq lel tagdedāt مغلق للتجديدات
LAVORI IN CORSO	aʃɣāl fel ṭarīq أشغال في الطريق
DEVIAZIONE	monḥany منحنى

Mezzi di trasporto - Frasi generiche

aereo	tayāra طيارة
treno	'attr قطر
autobus	otobiis اوتوبيس
traghetto	safīna سفينة
taxi	taksi تاكسي
macchina	ʿarabiya عربية
orario	gadwal جدول
Dove posso vedere l'orario?	aʿdar aʃūf el gadwal feyn? أقدر أشوف الجدول فين؟
giorni feriali	ayām el ossbūʿ أيام الأسبوع
giorni di festa (domenica)	nehāyet el osbūʿ نهاية الأسبوع
giorni festivi	el 'agazāt الأجازات
PARTENZA	el saffar السفر
ARRIVO	el wosūl الوصول
IN RITARDO	mett'χara متأخرة
CANCELLATO	molɣā ملغاه
il prossimo (treno, ecc.)	el gayī الجاي
il primo	el awwel الأول
l'ultimo	el 'aχīr الأخير
Quando è il prossimo ...?	emta el ... elly gayī? إمتى الـ ... إللي جاي؟
Quando è il primo ...?	emta awwel ...? إمتى اول ...؟

Quando è l'ultimo ...?	emta 'āχer ...? **إمتى آخر ...؟**
scalo	tabdīl **تبديل**
effettuare uno scalo	abaddel **أبدل**
Devo cambiare?	hal aḥtāg le tabdīl el...? **هل أحتاج لتبديل الـ...؟**

Acquistando un biglietto

Dove posso comprare i biglietti?	meneyn momken aʃtery tazāker? **منين ممكن أشتري تذاكر؟**
biglietto	tazzkara **تذكرة**
comprare un biglietto	ʃerā' tazāker **شراء تذاكر**
il prezzo del biglietto	as'ār el tazāker **أسعار التذاكر**
Dove?	lefeyn? **لفين؟**
In quale stazione?	le'ayī maḥaṭṭa? **لأي محطة؟**
Avrei bisogno di ...	meḥtāg ... **محتاج ...**
un biglietto	tazzkara waḥda **تذكرة واحدة**
due biglietti	tazzkarteyn **تذكرتين**
tre biglietti	talat tazāker **تلات تذاكر**
solo andata	zehāb faqaṭṭ **ذهاب فقط**
andata e ritorno	zehāb we 'awda **ذهاب وعودة**
prima classe	daraga ūla **درجة أولى**
seconda classe	daraga tanya **درجة ثانية**
oggi	el naharda **النهاردة**
domani	bokra **بكرة**
dopodomani	ba'd bokra **بعد بكرة**
la mattina	el sobḥ **الصبح**
nel pomeriggio	ba'd el ẓohr **بعد الظهر**
la sera	bel leyl **بالليل**

posto lato corridoio	korsy mammar **كرسي ممر**
posto lato finestrino	korsy ʃebbāk **كرسي شباك**
Quanto?	bekām? **بكام؟**
Posso pagare con la carta di credito?	momken addfaʿ be kart eʾtemān? **ممكن أدفع بكارت إئتمان؟**

Autobus

autobus	el otobiis الأوتوبيس
autobus interurbano	otobiis beyn el moddon أوتوبيس بين المدن
fermata dell'autobus	maḥaṭṭet el otobiis محطة الأوتوبيس
Dov'è la fermata dell'autobus più vicina?	feyn aqrab maḥaṭṭet otobiis? فين أقرب محطة أوتوبيس؟
numero	raqam رقم
Quale autobus devo prendere per andare a …?	’āχod ayī otobiis le …? أخذ أي اوتوبيس لـ...؟
Questo autobus va a …?	el otobiis da beyrūḥ …? الأوتوبيس دة بيروح ...؟
Qual'è la frequenza delle corse degli autobus?	el otobiis beyīgi kol ’add eyh? الأوتوبيس بيجي كل قد إيه؟
ogni 15 minuti	kol χamasstāʃar daqīqa كل 15 دقيقة
ogni mezzora	kol noṣṣ sā‘a كل نص ساعة
ogni ora	kol sā‘a كل ساعة
più a volte al giorno	kaza marra fel yome كذا مرة في اليوم
… volte al giorno	… marrat fell yome ... مرات في اليوم
orario	gadwal جدول
Dove posso vedere l'orario?	a‘dar aʃūf el gadwal feyn? أقدر أشوف الجدول فين؟
Quando passa il prossimo autobus?	emta el otobīss elly gayī? إمتى الأتوبيس إللي جاي؟
A che ora è il primo autobus?	emta awwel otobiis? إمتى أول أوتوبيس؟
A che ora è l'ultimo autobus?	emta ’āχer otobiis? إمتى آخر أوتوبيس؟
fermata	maḥaṭṭa محطة
prossima fermata	el maḥaṭṭa el gaya المحطة الجاية

ultima fermata	axer mahatta آخر محطة (أخر الخط)
Può fermarsi qui, per favore.	laww samaht, wa'eff hena لو سمحت، وقف هنا
Mi scusi, questa è la mia fermata.	ba'd ezznak, di mahattetti بعد إذنك، دي محطتي

Treno

treno	el 'aṭṭr القطر
treno locale	'aṭṭr el ḍawāḥy قطر الضواحي
treno a lunga percorrenza	'aṭṭr el masāfāt el ṭawīla قطر المسافات الطويلة
stazione (~ ferroviaria)	maḥaṭṭet el 'aṭṭr محطة القطر
Mi scusi, dov'è l'uscita per il binario?	ba'd ezznak, meneyn el ṭarīq lel raṣīf بعد إذنك، منين الطريق للرصيف؟
Questo treno va a ...?	el 'aṭṭr da beyrūḥ ...? القطر دة بيروح ...؟
il prossimo treno	el 'aṭṭr el gayī? القطر الجاي؟
Quando è il prossimo treno?	emta el 'aṭṭr elly gayī? إمتى القطر إللي جاي؟
Dove posso vedere l'orario?	a'dar aʃūf el gadwal feyn? أقدر أشوف الجدول فين؟
Da quale binario?	men ayī raṣīf? من أي رصيف؟
Quando il treno arriva a ... ?	emta yewṣal el 'aṭṭr ...? إمتى يوصل القطر ... ؟
Mi può aiutare, per favore.	argūk sā'dny ارجوك ساعدني
Sto cercando il mio posto.	baddawwar 'lal korsy betā'y بادور على الكرسي بتاعي
Stiamo cercando i nostri posti.	eḥna benndawwar 'la karāsy إحنا بندور على كراسي
Il mio posto è occupato.	el korsy betā'i maʃɣūl الكرسي بتاعي مشغول
I nostri posti sono occupati.	karaseyna maʃɣūla كراسينا مشغولة
Mi scusi, ma questo è il mio posto.	'ann ezznak, el korsy da betā'y عن إذنك، الكرسي دة بتاعي
E' occupato?	el korsy da maḥgūz? الكرسي دة محجوز؟
Posso sedermi qui?	momken a''od hena? ممكن أقعد هنا؟

Sul treno - Dialogo (Senza il biglietto)

Biglietto per favore.	tazāker men faḍlak تذاكر من فضلك
Non ho il biglietto.	ma'andīʃ tazzkara ما عنديش تذكرة
Ho perso il biglietto.	tazzkarty ḍā'et تذكرتي ضاعت
Ho dimenticato il biglietto a casa.	nesīt tazkarty fel beyt نسيت تذكرتي في البيت
Può acquistare il biglietto da me.	momken teʃtery menny tazkara ممكن تشتري مني تذكرة
Deve anche pagare una multa.	lāzem teddfa' ɣarāma kaman لازم تدفع غرامة كمان
Va bene.	tamām تمام
Dove va?	enta rāyeḥ feyn? إنت رايح فين؟
Vado a …	ana rāyeḥ le... أنا رايح لـ...
Quanto? Non capisco.	bekām? ana meʃ fāhem بكام؟ أنا مش فاهم
Può scriverlo per favore.	ektebha laww samaḥt إكتبها لو سمحت
D'accordo. Posso pagare con la carta di credito?	tamām. momken addfa' be kredit kard? تمام. ممكن أدفع بكريدت كارد؟
Sì.	aywā momken أيوة ممكن
Ecco la sua ricevuta.	ettfaḍḍal el īṣāl اتفضل الإيصال
Mi dispiace per la multa.	'āssef beχeṣūṣ el ɣarāma آسف بخصوص الغرامة
Va bene così. È stata colpa mia.	mafīʃ moʃkela. di ɣalṭety ما فيش مشكلة. دي غلطتي
Buon viaggio.	esstammte' be reḥlatek استمتع برحلتك

Taxi

taxi	taksi تاكسي
tassista	sawwā' el taksi سواق التاكسي
prendere un taxi	'āχod taksi أخد تاكسي
posteggio taxi	maw'af taksi موقف تاكسي
Dove posso prendere un taxi?	meneyn āχod taksi? منين أخد تاكسي؟
chiamare un taxi	an tattlob taksi أن تطلب تاكسي
Ho bisogno di un taxi.	aḥtāg taksi أحتاج تاكسي
Adesso.	al'āan الآن
Qual'è il suo indirizzo?	ma howa 'ennwānak? ما هو عنوانك؟
Il mio indirizzo è ...	'ennwāny fi ... عنواني في ...
La sua destinazione?	ettegāhak? إتجاهك؟
Mi scusi, ...	ba'd ezznak, ... بعد إذنك، ...
E' libero?	enta fāḍy? إنت فاضي؟
Quanto costa andare a ...?	bekām arūḥ...? بكام أروح...؟
Sapete dove si trova?	te'raf hiya feyn? تعرف هي فين؟
All'aeroporto, per favore.	el maṭār men faḍlak المطار من فضلك
Si fermi qui, per favore.	wa'eff hena, laww samaḥt وقف هنا، لو سمحت
Non è qui.	meʃ hena مش هنا
È l'indirizzo sbagliato.	da 'enwān ɣalat دة عنوان غلط
Giri a sinistra.	oddχol ʃemal ادخل شمال
Giri a destra.	oddχol yemīn ادخل يمين

Quanto le devo?	ʿlayī līk kām? عليّ لك كام؟
Potrei avere una ricevuta, per favore.	ʿāyez īṣāl men faḍlak. عايز إيصال، من فضلك.
Tenga il resto.	χally el bāʾy خللي الباقي

Può aspettarmi, per favore?	momken tesstannāny laww samaḥt? ممكن تستناني لو سمحت؟
cinque minuti	χamas daqāʾeq خمس دقائق
dieci minuti	ʿaʃar daqāʾeq عشر دقائق
quindici minuti	robʿ sāʿa ربع ساعة
venti minuti	telt sāʿa تلت ساعة
mezzora	noṣṣ sāʿa نص ساعة

Hotel

Salve.	ahlan **أهلا**
Mi chiamo …	essmy … **إسمي …**
Ho prenotato una camera.	ʻandy ḥaggz **عندي حجز**
Ho bisogno di …	meḥtāg … **محتاج …**
una camera singola	ɣorfa moffrada **غرفة مفردة**
una camera doppia	ɣorfa mozzdawwaga **غرفة مزدوجة**
Quanto costa questo?	seʻraha kām? **سعرها كام؟**
È un po' caro.	di ɣalya ʃewaya **دي غالية شوية**
Avete qualcos'altro?	ʻandak χayarāt tanya? **عندك خيارات تانية؟**
La prendo.	haχod-ha **ح أخدها**
Pago in contanti.	ḥaddfaʻ naqqdy **ح أدفع نقدي**
Ho un problema.	ana ʻandy moʃkela **أنا عندي مشكلة**
Il mio … è rotto.	… maksūr **…مكسور**
Il mio … è fuori servizio.	… ʻaṭlān /ʻaṭlāna/ **…عطلانة/ عطلان/**
televisore	el televizyōn **التليفزيون**
condizionatore	el takyīf **التكييف**
rubinetto	el ḥanafiya (~ ʻaṭlāna) **الحنفية**
doccia	el doʃ **الدش**
lavandino	el banyo **البانيو**
cassaforte	el χāzena (~ ʻaṭlāna) **الخازنة**

serratura	’effl el bāb قفل الباب
presa elettrica	maχrag el kahraba مخرج الكهربا
asciugacapelli	mogaffef el ʃa‘r مجفف الشعر

Non ho ...	ma‘andīʃ ... ما عنديش ...
l'acqua	maya مية
la luce	nūr نور
l'elettricità	kahraba كهربا

Può darmi ...?	momken teddīny ...? ممكن تديني ...؟
un asciugamano	fūṭa فوطة
una coperta	baṭṭaneya بطانية
delle pantofole	ʃebʃeb شبشب
un accappatoio	robe روب
dello shampoo	ʃambū شامبو
del sapone	ṣabūn صابون

Vorrei cambiare la camera.	aḥebb aɣayar el oḍa أحب أغير الأوضة
Non trovo la chiave.	meʃ lā’y meftāḥy مش لاقي مفتاحي
Potrebbe aprire la mia camera, per favore?	momken tefftaḥ oḍḍty men faḍlak? ممكن تفتح أوضتي من فضلك؟
Chi è?	meyn henāk? مين هناك؟
Avanti!	ettfaḍḍal! إتفضل!
Un attimo!	daqīqa wāḥeda! دقيقة واحدة!
Non adesso, per favore.	meʃ dellwa’ty men faḍlak مش دلوقتي من فضلك

Può venire nella mia camera, per favore.	ta‘āla oḍḍty laww samaḥt تعالى أوضتي لو سمحت
Vorrei ordinare qualcosa da mangiare.	‘āyez ṭalab men χeddmet el wagabāt عايز طلب من خدمة الوجبات
Il mio numero di camera è ...	raqam oḍḍty howa ... رقم أوضتي هو ...

Parto ...	ana māʃy ... أنا ماشي ...
Partiamo ...	eḥna maʃyīn ... إحنا ماشيين ...
adesso	dellwa'ty دلوقتي
questo pomeriggio	ba'd el ẓohr بعد الظهر
stasera	el leyla di الليلة دي
domani	bokra بكرة
domani mattina	bokra el ṣobh بكرة الصبح
domani sera	bokra bel leyl بكرة بالليل
dopodomani	ba'd bokra بعد بكرة

Vorrei pagare.	aḥebb adfa' أحب أدفع
È stato tutto magnifico.	kol ʃey' kan rā'e' كل شيء كان رائع
Dove posso prendere un taxi?	feyn momken alā'y taksi? فين ممكن ألاقي تاكسي؟
Potrebbe chiamarmi un taxi, per favore?	momken toṭṭlob lī taksi laww samaḥt? ممكن تطلب لي تاكسي لو سمحت؟

Al Ristorante

Posso vedere il menù, per favore?	momken aʃūf qā'ema el ṭa'ām men faḍlak? ممكن أشوف قائمة الطعام من فضلك؟
Un tavolo per una persona.	tarabeyza le ʃaχṣ wāḥed ترابيزة لشخص واحد
Siamo in due (tre, quattro).	eḥna etneyn (talāta, arba'a) إحنا اتنين (ثلاثة، أربعة)
Fumatori	modaχenīn مدخنين
Non fumatori	ɣeyr moddaχenīn غير مدخنين
Mi scusi!	laww samaḥt لو سمحت
il menù	qā'emat el ṭa'ām قائمة الطعام
la lista dei vini	qā'emat el nebīz قائمة النبيذ
Posso avere il menù, per favore.	el qā'ema, laww samaḥt القائمة، لو سمحت
È pronto per ordinare?	mossta'ed toṭṭlob? مستعد تطلب؟
Cosa gradisce?	ḥatāχod eh? ح تاخد إيه؟
Prendo ...	ana ḥāχod ... أنا ح أخد ...
Sono vegetariano.	ana nabāty أنا نباتي
carne	laḥma لحم
pesce	samakk سمك
verdure	χoḍār خضار
Avete dei piatti vegetariani?	'andak aṭṭbāq nabātiya? عندك أطباق نباتية؟
Non mangio carne di maiale.	lā 'āakol el χanzīr لا أكل الخنزير
Lui /lei/ non mangia la carne.	howwa /hiya/ la tākol el laḥm هو/هي/ لا تأكل اللحم

Sono allergico a ...	ʿandy ḥasasseya men ... عندي حساسية من ...
Potrebbe portarmi ...	momken tegīb lī ... ممكن تجيب لي...
del sale | del pepe | dello zucchero	melḥ | felfel | sokkar ملح ا فلفل ا سكر
un caffè | un tè | un dolce	ʾahwa | ʃāy | ḥelw قهوة ا شاي ا حلو
dell'acqua | frizzante | naturale	meyāh | ɣaziya | ʿadiya مياه ا غازية ا عادية
un cucchiaio | una forchetta | un coltello	maʿlaʾa | ʃowka | sekkīna ملعقة ا شوكة ا سكينة
un piatto | un tovagliolo	ṭabaq | fūṭa طبق افوطة

Buon appetito!	bel hana wel ʃefa بالهنا والشفا
Un altro, per favore.	waḥda kamān laww samaḥt واحدة كمان لو سمحت
È stato squisito.	kanet lazīza geddan كانت لذيذة جدا

il conto | il resto | la mancia	ʃīk | fakka | baʾʃīʃ شيك افكة ابقشيش
Il conto, per favore.	momken el ḥesāb laww samaḥt? ممكن الحساب لو سمحت؟
Posso pagare con la carta di credito?	momken addfaʿ be kart eʾtemān? ممكن أدفع بكارت إئتمان؟
Mi scusi, c'è un errore.	ana ʾāssif, feyh ɣalṭa hena أنا آسف، في غلطة هنا

Shopping

Posso aiutarla?
momken asaʿdak?
ممكن أساعدك؟

Avete ...?
ya tara ʿandak ...?
يا ترى عندك ...؟

Sto cercando ...
ana badawwar ʿla ...
أنا بادور على ...

Ho bisogno di ...
meḥtāg ...
محتاج ...

Sto guardando.
ana battfarrag
أنا بأتفرج

Stiamo guardando.
eḥna benettfarrag
إحنا بنتفرج

Ripasserò più tardi.
ḥāgy baʿdeyn
ح أجي بعدين

Ripasseremo più tardi.
ḥaneygy baʿdeyn
ح نيجي بعدين

sconti | saldi
taχfīḍāt | okazyōn
تخفيضات | أوكازيون

Per favore, mi può far vedere ...?
momken tewarrīny ... laww samaḥt?
ممكن توريني ... لو سمحت؟

Per favore, potrebbe darmi ...
momken teddīny ... laww samaḥt
ممكن تديني ... لو سمحت

Posso provarlo?
momken aʾīs?
ممكن أقيس؟

Mi scusi, dov'è il camerino?
laww samaḥt, feyn el brova?
لو سمحت، فين البروفا؟

Che colore desidera?
ʿāyez ayī lone?
عايز أي لون؟

taglia | lunghezza
maqās | ṭūl
مقاس | طول

Come le sta?
ya tara el maqās mazbūṭ?
يا ترى المقاس مضبوط؟

Quanto costa questo?
bekām?
بكام؟

È troppo caro.
da ɣāly geddan
دة غالي جدا

Lo prendo.
ḥaʃtereyh
ح أشتريه

Mi scusi, dov'è la cassa?
baʿd ezznak, addfaʿ feyn laww samaḥt?
بعد إذنك، أدفع فين لو سمحت؟

Paga in contanti o con carta di credito?	ḥateddfaʿ naqqdan walla be kart eʾtemān? ح تدفع نقدا ولا بكارت إئتمان؟
In contanti | con carta di credito	naqdan | be kart eʾtemān نقدا ا بكارت إئتمان
Vuole lo scontrino?	ʿāyez īṣāl? عايز إيصال؟
Si, grazie.	aywā, men faḍlak أيوة، من فضلك
No, va bene così.	lā, mafīʃ moʃkela لا، ما فيش مشكلة
Grazie. Buona giornata!	ʃokran. yome saʿīd شكرا. يوم سعيد

In città

Mi scusi, per favore ...	ba'd ezznak, laww samaḥt بعد إذنك، لو سمحت
Sto cercando ...	ana badawwar 'la ... أنا بادور على ...
la metropolitana	metro el anfā' مترو الأنفاق
il mio albergo	el fondo' betā'i الفندق بتاعي
il cinema	el sinema السينما
il posteggio taxi	maw'af taksi موقف تاكسي
un bancomat	makīnet ṣarraf 'āaly ماكينة صراف آلي
un ufficio dei cambi	maktab ṣarrafa مكتب صرافة
un internet café	maqha internet مقهى انترنت
via ...	ʃāre'... ... شارع
questo posto	el makān da المكان دة
Sa dove si trova ...?	hal te'raf feyn ...? هل تعرف فين ...؟
Come si chiama questa via?	essmu eyh el ʃāre' da? اسمه إيه الشارع دة؟
Può mostrarmi dove ci troviamo?	momken tewarrīny eḥna feyn dellwa'ty? ممكن توريني إحنا فين دلوقتي؟
Posso andarci a piedi?	momken awṣal henāk māʃy? ممكن أوصل هناك ماشي؟
Avete la piantina della città?	'andak χarīṭa lel madīna? عندك خريطة للمدينة؟
Quanto costa un biglietto?	bekām tazkaret el doχūl? بكام تذكرة الدخول؟
Si può fotografare?	momken aṣṣawwar hena? ممكن أصور هنا؟
E' aperto?	entom fatt-ḥīn? إنتم فاتحين؟

Quando aprite?	emta betefftaḥu? إمتى بتفتحوا؟
Quando chiudete?	emta bete'ffelu? إمتى بتقفلوا؟

Soldi

Soldi	folūss **فلوس**
contanti	naqdy **نقدي**
banconote	folūss waraqiya **فلوس ورقية**
monete	fakka **فكة**
conto | resto | mancia	ʃīk | fakka | ba'ʃīʃ **شيك | فكة | بقشيش**
carta di credito	kart e'temān **كارت إئتمان**
portafoglio	maḥfaẓa **محفظة**
comprare	ʃerā' **شراء**
pagare	dafʿ **دفع**
multa	ɣarāma **غرامة**
gratuito	maggānan **مجانا**
Dove posso comprare …?	feyn momken aʃtery …? **فين ممكن أشتري ...؟**
La banca è aperta adesso?	hal el bank fāteḥ dellwa'ty **هل البنك فاتح دلوقتي؟**
Quando apre?	emta betefftaḥ? **إمتى بيفتح؟**
Quando chiude?	emta beye'ffel? **إمتى بيقفل؟**
Quanto costa?	bekām? **بكام؟**
Quanto costa questo?	bekām da? **بكام دة؟**
È troppo caro.	da ɣāly geddan **دة غالي جدا**
Scusi, dov'è la cassa?	baʿd ezznak, addfaʿ feyn laww samaḥt? **بعد إذنك، أدفع فين لو سمحت؟**
Il conto, per favore.	el ḥesāb men faḍlak **الحساب من فضلك**

Posso pagare con la carta di credito?	momken addfa' be kart e'temān? ممكن أدفع بكارت إئتمان؟
C'è un bancomat?	feyh hena makīnet ṣarraf 'āaly? فيه هنا ماكينة صراف آلي؟
Sto cercando un bancomat.	baddawwar 'la makīnet ṣarraf 'ālly بادور على ماكينة صراف آلي

Sto cercando un ufficio dei cambi.	baddawwar 'la maktab ṣarrāfa بادور على مكتب صرافة
Vorrei cambiare ...	'āyez aɣayar ... عايز أغير ...
Quanto è il tasso di cambio?	se'r el 'omla kām? سعر العملة كام؟
Ha bisogno del mio passaporto?	enta meḥtāg gawāz safary? إنت محتاج جواز سفري؟

Le ore

Che ore sono?	el sā'a kām? الساعة كام؟
Quando?	emta? إمتى؟
A che ora?	fi ayī sā'a? في أي ساعة؟
adesso | più tardi | dopo ...	dellwa'ty | ba'deyn | ba'd ... دلوقتي ا بعدين ا بعد ...
l'una	el sā'a waḥda الساعة واحدة
l'una e un quarto	el sā'a waḥda we rob' الساعة واحدة وربع
l'una e trenta	el sā'a waḥda we noṣṣ الساعة واحدة ونص
l'una e quarantacinque	el sā'a etneyn ellā rob' الساعة إتنين إلا ربع
uno | due | tre	waḥda | etneyn | talāta واحدة اتنين اتلاتة
quattro | cinque | sei	arba'a | χamsa | setta أربعة ا خمسة ا ستة
sette | otto | nove	sabb'a | tamanya | tess'a سبعة ا تمانية اتسعة
dieci | undici | dodici	'aʃra | ḥedāʃar | etnāʃar عشرة ا حداشر ا اتناشر
fra ...	fi ... في ...
cinque minuti	χamas daqā'eq خمس دقائق
dieci minuti	'aʃar daqā'eq عشر دقائق
quindici minuti	rob' sā'a ربع ساعة
venti minuti	telt sā'a تلت ساعة
mezzora	noṣṣ sā'a نص ساعة
un'ora	sā'a ساعة

la mattina	el sobḥ الصبح
la mattina presto	el sobḥ badri الصبح بدري
questa mattina	el naharda el ṣobḥ النهاردة الصبح
domani mattina	bokra el ṣobh بكرة الصبح
all'ora di pranzo	fi noṣṣ el yome في نص اليوم
nel pomeriggio	ba'd el ẓohr بعد الظهر
la sera	bel leyl بالليل
stasera	el leyla di الليلة دي
la notte	bel leyl بالليل
ieri	emmbāreḥ إمبارح
oggi	el naharda النهاردة
domani	bokra بكرة
dopodomani	ba'd bokra بعد بكرة
Che giorno è oggi?	el naharda eyh fel ayām? النهاردة إيه في الأيام؟
Oggi è ...	el naharda ... النهاردة ...
lunedì	el etneyn الإتنين
martedì	el talāt التلات
mercoledì	el 'arba' الأربع
giovedì	el χamīs الخميس
venerdì	el gumu'ā الجمعة
sabato	el sabt السبت
domenica	el ḥadd الحد

Saluti - Presentazione

Salve.	ahlan أهلا
Lieto di conoscerla.	sa'īd be leqā'ak سعيد بلقائك
Il piacere è mio.	ana ass'ad أنا أسعد
Vi presento …	a'arrafak be … أعرفك بـ …
Molto piacere.	forṣa sa'īda فرصة سعيدة

Come sta?	ezzayak? إزيك؟
Mi chiamo …	esmy … أسمي …
Si chiama … (m)	essmu … إسمه …
Si chiama … (f)	essmaha … إسمها …
Come si chiama?	essmak eyh? إسمك إيه؟
Come si chiama lui?	essmu eyh? إسمه إيه؟
Come si chiama lei?	essmaha eyh? إسمها إيه؟

Qual'è il suo cognome?	essm 'ā'eltak eyh? إسم عائلتك إيه؟
Può chiamarmi …	te'ddar tenadīny be… تقدر تناديني بـ…
Da dove viene?	enta meneyn? إنت منين؟
Vengo da …	ana men … أنا من …
Che lavoro fa?	beteʃtaɣal eh? بتشتغل إيه؟
Chi è?	meyn da مين دة
Chi è lui?	meyn howwa? مين هو؟
Chi è lei?	meyn hiya? مين هي؟
Chi sono loro?	meyn homm? مين هم؟

Questo è ...	da yeb'ā ... دة يبقى ...
il mio amico	ṣadīqy صديقي
la mia amica	ṣadīqaty صديقتي
mio marito	gouzy جوزي
mia moglie	merāty مراتي

mio padre	waldy والدي
mia madre	waldety والدتي
mio fratello	aχūya أخويا
mio figlio	ebny إبني
mia figlia	bennty بنتي

Questo è nostro figlio.	da ebnena دة إبننا
Questa è nostra figlia.	di benntena دي بنتنا
Questi sono i miei figli.	dole awwlādy دول أولادي
Questi sono i nostri figli.	dole awwladna دول أولادنا

Saluti di commiato

Arrivederci!	ella alliqā' إلى اللقاء
Ciao!	salām سلام
A domani.	aʃūfak bokra أشوفك بكرة
A presto.	aʃūfak orayeb أشوفك قريب
Ci vediamo alle sette.	aʃūfak el sā'a sab'a أشوفك الساعة سبعة
Divertitevi!	esstammte'! إستمتع!
Ci sentiamo più tardi.	netkallem ba'deyn نتكلم بعدين
Buon fine settimana.	'ottlet osbū' sa'īda عطلة أسبوع سعيدة
Buona notte	teṣṣbaḥ 'la χeyr تصبح على خير
Adesso devo andare.	gā' waqt el zehāb جاء وقت الذهاب
Devo andare.	lāzem amʃy لازم أمشي
Torno subito.	ḥarga' 'la ṭūl ح أرجع على طول
È tardi.	el waqt mett'aχar الوقت متأخر
Domani devo alzarmi presto.	lāzem aṣṣ-ḥa badry لازم أصحى بدري
Parto domani.	ana māʃy bokra أنا ماشي بكرة
Partiamo domani.	eḥḥna maʃyīn bokra إحنا ماشيين بكرة
Buon viaggio!	reḥla sa'īda! رحلة سعيدة!
È stato un piacere conoscerla.	forṣa sa'īda فرصة سعيدة
È stato un piacere parlare con lei.	sa'eddt bel kalām ma'ak سعدت بالكلام معك
Grazie di tutto.	ʃokran 'la koll ʃey' شكرا على كل شيء

Mi sono divertito.	ana qaḍḍayt waqt saʿīd أنا قضيت وقت سعيد
Ci siamo divertiti.	eḥna 'aḍḍeyna wa't saʿīd إحنا قضينا وقت سعيد
È stato straordinario.	kan bel feʿl rā'eʿ كان بالفعل رائع
Mi mancherà.	ḥatewwḥaʃīny ح توحشني
Ci mancherà.	ḥatewwḥaʃna ح توحشنا

Buona fortuna!	ḥazz saʿīd! حظ سعيد!
Mi saluti ...	taḥīāty le... تحياتي لـ...

Lingua straniera

Non capisco.	ana meʃ fāhem **أنا مش فاهم**
Può scriverlo, per favore.	ektebha laww samaḥt **إكتبها لو سمحت**
Parla ...?	enta betettkalem ...? **انت بتتكلم ...؟**
Parlo un po' ...	ana battkallem ʃewaya ... **أنا بأتكلم شوية ...**
inglese	engilīzy **انجليزي**
turco	torky **تركي**
arabo	ʿaraby **عربي**
francese	faransāwy **فرنساوي**
tedesco	almāny **ألماني**
italiano	iṭāly **إيطالي**
spagnolo	asbāny **أسباني**
portoghese	bortoɣāly **برتغالي**
cinese	ṣīny **صيني**
giapponese	yabāny **ياباني**
Può ripetere, per favore.	momken teʿīd el kalām men faḍlak? **ممكن تعيد الكلام من فضلك؟**
Capisco.	ana fāhem **انا فاهم**
Non capisco.	ana meʃ fāhem **انا مش فاهم**
Può parlare più piano, per favore.	momken tetkallem abṭa' laww samaḥt? **ممكن تتكلم ابطأ لو سمحت؟**
È corretto?	keda ṣaḥḥ? **كدة صح؟**
Cos'è questo? (Cosa significa?)	eh da? **إيه دة؟**

Chiedere scusa

Mi scusi, per favore.	ba'd ezznak, laww samaḥt بعد إذنك، لو سمحت
Mi dispiace.	ana 'āṣsif أنا آسف
Mi dispiace molto.	ana 'āṣsif beggad أنا آسف بجد
Mi dispiace, è colpa mia.	ana 'āssif, di ɣalṭeti أنا أسف، دي غلطتي
È stato un mio errore.	ɣalṭety غلطتي
Posso ...?	momken ...? ممكن ...؟
Le dispiace se ...?	teḍḍāyi' laww ...? تتضايق لو ...؟
Non fa niente.	mafīʃ moʃkela ما فيش مشكلة
Tutto bene.	kollo tamām كله تمام
Non si preoccupi.	mate'la'ʃ ما تقلقش

Essere d'accordo

Sì.	aywā أيوة
Sì, certo.	aywa, akīd ايوة، أكيد
Bene.	tamām تمام
Molto bene.	kowayīs geddan كويس جدا
Certamente!	bekol ta'kīd! بكل تأكيد!
Sono d'accordo.	mewāfe' موافق

Esatto.	da ṣaḥīḥ دة صحيح
Giusto.	da ṣaḥḥ دة صح
Ha ragione.	kalāmak ṣaḥḥ كلامك صح
È lo stesso.	ma'andīʃ māne' ما عنديش مانع
È assolutamente corretto.	ṣaḥḥ tamāman صح تماما

È possibile.	momken ممكن
È una buona idea.	di fekra kewayīsa دي فكرة كويسة
Non posso dire di no.	ma'darʃ a'ūl la' ما أقدرش أقول لأ
Ne sarei lieto /lieta/.	bekol sorūr حكون سعيد
Con piacere.	bekol sorūr بكل سرور

Diniego. Esprimere incertezza

No.	la'a لأ
Sicuramente no.	akīd la' أكيد لأ
Non sono d'accordo.	meʃ mewāfe' مش موافق
Non penso.	ma 'azzonneʃ keda ما أظنش كدة
Non è vero.	da meʃ ṣaḥīḥ دة مش صحيح
Si sbaglia.	enta ɣalṭān إنت غلطان
Penso che lei si stia sbagliando.	azonn ennak ɣalṭān أظن إنك غلطان
Non sono sicuro.	meʃ akīd مش أكيد
È impossibile.	da mos-taḥīl دة مستحيل
Assolutamente no!	mafīʃ ḥāga keda! ما فيش حاجة كدة!
Esattamente il contrario!	el 'akss tamāman العكس تماما
Sono contro.	ana ḍedd da أنا ضد دة
Non m'interessa.	ma yehemmenīʃ ما يهمنيش
Non ne ho idea.	ma'andīʃ fekra ما عنديش فكرة
Dubito che sia così.	aʃokk fe da أشك في دة
Mi dispiace, non posso.	'āssef ma 'qdarʃ آسف، ما أقدرش
Mi dispiace, non voglio.	'āssef meʃ 'ayez آسف، مش عايز
Non ne ho bisogno, grazie.	ʃokran, bass ana meʃ meḥtāg loh شكرا، بس أنا مش محتاج له
È già tardi.	el waqt mett'aχar الوقت متأخر

Devo alzarmi presto.	lāzem aṣṣ-ḥa badry **لازم أصحى بدري**
Non mi sento bene.	ana taʿbān **أنا تعبان**

Esprimere gratitude

Grazie.	ʃokran **شكرا**
Grazie mille.	ʃokran gazīlan **شكرا جزيلا**
Le sono riconoscente.	ana ḥa'i'i me'addar da **أنا حقيقي مقدر دة**
Le sono davvero grato.	ana mommtann līk geddan **أنا ممتن لك جدا**
Le siamo davvero grati.	eḥna mommtannīn līk geddan **إحنا ممتنين لك جدا**
Grazie per la sua disponibilità.	ʃokran 'la wa'tak **شكرا على وقتك**
Grazie di tutto.	ʃokran 'la koll ʃey' **شكرا على كل شيء**
Grazie per ...	ʃokran 'la ... **شكرا على ...**
il suo aiuto	mosa'detak **مساعدتك**
il bellissimo tempo	el waqt **الوقت اللطيف**
il delizioso pranzo	wagba rā'e'a **وجبة رائعة**
la bella serata	amsiya mummte'a **أمسية ممتعة**
la bella giornata	yome rā'e' **يوم رائع**
la splendida gita	reḥla mod-heʃa **رحلة مدهشة**
Non c'è di che.	lā ʃokr 'la wāgeb **لا شكر على واجب**
Prego.	el 'afw **العفو**
Con piacere.	ayī waqt **أي وقت**
È stato un piacere.	bekol sorūr **بكل سرور**
Non ci pensi neanche.	ennsa **إنسى**
Non si preoccupi.	mate'la'ʃ **ما تقلقش**

Congratulazioni. Auguri

Congratulazioni!	ohannīk! أهنيك!
Buon compleanno!	ʿīd milād saʿīd! عيد ميلاد سعيد!
Buon Natale!	ʿīd milād saʿīd! عيد ميلاد سعيد!
Felice Anno Nuovo!	sana gedīda saʿīda! سنة جديدة سعيدة!
Buona Pasqua!	ʃamm nessīm saʿīd! شم نسيم سعيد!
Felice Hanukkah!	hanūka saʿīda! هانوكا سعيدة!
Vorrei fare un brindisi.	aḥebb aqtareḥ neʃrab naχab أحب أقترح نشرب نخب
Salute!	fi seḥḥettak في صحتك
Beviamo a ...!	yalla neʃrab fe ...! يالا نشرب في ...!
Al nostro successo!	nagāḥna نجاحنا
Al suo successo!	nagāḥak نجاحك
Buona fortuna!	ḥazz saʿīd! حظ سعيد!
Buona giornata!	nahārak saʿīd! نهارك سعيد!
Buone vacanze!	agāza ṭayeba! أجازة طيبة!
Buon viaggio!	trūḥ bel salāma! تروح بالسلامة!
Spero guarisca presto!	atmanna ennak tataʿāfa besorʿa! أتمنى إنك تتعافى بسرعة!

Socializzare

Perchè è triste?	enta leyh za'lān? **إنت ليه زعلان؟**
Sorrida!	ebbtassem! farrfeʃ! **إبتسم! فرفش!**
È libero stasera?	enta fādy el leyla di? **إنت فاضي الليلة دي؟**

Posso offrirle qualcosa da bere?	momken a'zemak 'la maʃrūb? **ممكن أعزمك على مشروب؟**
Vuole ballare?	teḥebb torr'oṣṣ? **تحب ترقص؟**
Andiamo al cinema.	yalla nerūḥ el sinema **ياللا نروح السينما**

Posso invitarla ...?	momken a'zemak 'la ...? **ممكن أعزمك على ...؟**
al ristorante	maṭ'am **مطعم**
al cinema	el sinema **السينما**
a teatro	el masraḥ **المسرح**
a fare una passeggiata	tamʃeya **تمشية**

A che ora?	fi ayī sā'a? **في أي ساعة؟**
stasera	el leyla di **الليلة دي**
alle sei	el sā'a setta **الساعة ستة**
alle sette	el sā'a sab'a **الساعة سبعة**
alle otto	el sā'a tamanya **الساعة تمانية**
alle nove	el sā'a tess'a **الساعة تسعة**

Le piace qui?	ya tara 'agbak el makān? **يا ترى عاجبك المكان؟**
È qui con qualcuno?	enta hena ma' ḥadd? **إنت هنا مع حد؟**
Sono con un amico /una amica/.	ana ma' ṣadīq **أنا مع صديق**

Sono con i miei amici.	ana ma' aṣṣdiqā' أنا مع أصدقاء
No, sono da solo /sola/.	lā, ana waḥḥdy لا، أنا وحدي
Hai il ragazzo?	hal 'andak ṣadīq? هل عندك صديق؟
Ho il ragazzo.	ana 'andy ṣadīq أنا عندي صديق
Hai la ragazza?	hal 'andak ṣadīqa? هل عندك صديقة؟
Ho la ragazza.	ana 'andy ṣadīqa أنا عندي صديقة
Posso rivederti?	a'dar aʃūfak tāny? أقدر أشوفك تاني؟
Posso chiamarti?	a'dar atteṣel bīk? أقدر أتصل بك؟
Chiamami.	ettaṣṣel bī إتصل بي
Qual'è il tuo numero?	eh raqamek? إيه رقمك؟
Mi manchi.	waḥaʃtīny وحشتني
Ha un bel nome.	essmek gamīl إسمك جميل
Ti amo.	ohebbek أحبك
Mi vuoi sposare?	tettgawwezīny? تتجوزيني؟
Sta scherzando!	enta bett-hazzar! إنت بتهزر!
Sto scherzando.	ana bahazzar bas أنا باهزر بس
Lo dice sul serio?	enta bettettkallem gad? إنت بتتكلم جد؟
Sono serio.	ana gād أنا جاد
Davvero?!	ṣaḥīḥ? صحيح؟
È incredibile!	meʃ ma''ūl! مش معقول!
Non le credo.	ana meʃ meṣṣad'āk أنا مش مصدقاك
Non posso.	ma'darʃ ما أقدرش
No so.	ma'raʃʃ ما أعرفش
Non la capisco.	meʃ fahmāk مش فاهماك

Per favore, vada via.	men faḍlak temʃy من فضلك تمشي
Mi lasci in pace!	sebbny lewaḥḥdy! سيبني لوحدي!

Non lo sopporto.	ana lā aṭīqo أنا لا أطيقه
Lei è disgustoso!	enta mo'reff إنت مقرف
Chiamo la polizia!	ḥaṭṭlob el ʃorṭa ح أطلب الشرطة

Comunicare impressioni ed emozioni

Mi piace.	ye'gebny يعجبني
Molto carino.	laṭīf geddan لطيف جدا
È formidabile!	da rā'e' دة رائع
Non è male.	da meʃ saye' دة مش سيء
Non mi piace.	meʃ 'agebny مش عاجبني
Non è buono.	meʃ kowayīs مش كويس
È cattivo.	da saye' دة سيء
È molto cattivo.	da saye' geddan دة سيء جدا
È disgustoso.	da mo'rreff دة مقرف
Sono felice.	ana sa'īd أنا سعيد
Sono contento /contenta/.	ana mabsūṭ أنا مبسوط
Sono innamorato /innamorata/.	ana baḥebb أنا باحب
Sono calmo.	ana hādy أنا هادي
Sono annoiato.	ana zaḥ'ān أنا زهقان
Sono stanco /stanca/.	ana ta'bān أنا تعبان
Sono triste.	ana ḥazīn أنا حزين
Sono spaventato.	ana χāyef أنا خايف
Sono arrabbiato /arrabiata/.	ana ɣadbān أنا غضبان
Sono preoccupato /preoccupata/.	ana qalqān أنا قلقان
Sono nervoso /nervosa/.	ana mutawwatter أنا متوتر

Sono geloso /gelosa/.	ana ɣayrān أنا غيران
Sono sorpreso /sorpresa/.	ana mutafāge' أنا متفاجئ
Sono perplesso.	ana morrtabek أنا مرتبك

Problemi. Incidenti

Ho un problema.	ana ʿandy moʃkela **أنا عندي مشكلة**
Abbiamo un problema.	eḥna ʿandena moʃkela **إحنا عندنا مشكلة**
Sono perso /persa/.	ana tāʒeh **أنا تايه**
Ho perso l'ultimo autobus (treno).	fātny ʾāaχer otobiis **فاتني آخر أوتوبيس**
Non ho più soldi.	meʃ fāḍel maʿaya flūss **مش فاضل معايا فلوس**

Ho perso ...	ḍāʿ menny ... betāʿy **ضاع مني ... بتاعي**
Mi hanno rubato ...	ḥadd saraʾ ... betāʿy **حد سرق ... بتاعي**
il passaporto	bassbore **باسبور**
il portafoglio	maḥfaza **محفظة**
i documenti	awwarāʾ **أوراق**
il biglietto	tazzkara **تذكرة**

---

i soldi	folūss **فلوس**
la borsa	ʃannṭa **شنطة**
la macchina fotografica	kamera **كاميرا**
il computer portatile	lab tob **لاب توب**
il tablet	tablet **تابلت**
il telefono cellulare	telefon maḥmūl **تليفون محمول**

Aiuto!	sāʿdny! **ساعدني!**
Che cosa è successo?	eh elly ḥaṣal? **إيه إللي حصل؟**
fuoco	harīqa **حريقة**

sparatoria	ḍarrb nār ضرب نار
omicidio	qattl قتل
esplosione	ennfegār إنفجار
rissa	χenā'a خناقة

Chiamate la polizia!	ettaṣel bel ʃorṭa! اتصل بالشرطة!
Per favore, faccia presto!	besor'a men faḍlak! بسرعة من فضلك!
Sto cercando la stazione di polizia.	baddawwar 'la qessm el ʃorṭa بادور على قسم الشرطة
Devo fare una telefonata.	meḥtāg a'mel mokalma telefoneya محتاج أعمل مكالمة تليفونية
Posso usare il suo telefono?	momken asstaχdem telefonak? ممكن أستخدم تليفونك؟

Sono stato /stata/ …	ana kont … أنا كنت ...
aggredito /aggredita/	ettnaʃalt اتنشلت
derubato /derubata/	ettsaraqt اتسرقت
violentata	oɣtiṣabt اغتصبت
assalito /assalita/	ta'arraḍdt le e'tedā' تعرضت لإعتداء

Lei sta bene?	enta beχeyr? إنت بخير؟
Ha visto chi è stato?	ya tara ʃoft meyn? يا ترى شفت مين؟
È in grado di riconoscere la persona?	te'ddar tett'arraf 'la el ʃaχṣ da? تقدر تتعرف على الشخص دة؟
È sicuro?	enta muta'kked? إنت متأكد؟

Per favore, si calmi.	argūk ehda أرجوك إهدا
Si calmi!	hawwen 'aleyk! هون عليك!
Non si preoccupi.	mate'la'ʃ! ما تقلقش!
Andrà tutto bene.	kol ʃey' ḥaykūn tamām كل شيء ح يكون تمام
Va tutto bene.	kol ʃey' tamām كل شيء تمام
Venga qui, per favore.	ta'āla hena laww samaḥt تعالى هنا لو سمحت

Devo porle qualche domanda.	ʽandy līk as'ela عندي لك أسئلة
Aspetti un momento, per favore.	esstanna laḥza men faḍlak إستنى لحظة من فضلك
Ha un documento d'identità?	ʽandak raqam qawwmy عندك رقم قومي
Grazie. Può andare ora.	ʃokran. momken temʃy dellwa'ty شكرا. ممكن تمشي دلوقتي
Mani dietro la testa!	eydeyk wara rāsak! إيديك ورا راسك!
È in arresto!	enta maqbūḍ ʽaleyk! إنت مقبوض عليك!

Problemi di salute

Mi può aiutare, per favore.	argūk sā'dny أرجوك ساعدني
Non mi sento bene.	ana ta'bān أنا تعبان
Mio marito non si sente bene.	gouzy ta'bān جوزي تعبان
Mio figlio ...	ebny ... إبني ...
Mio padre ...	waldy ... والدي ...
Mia moglie non si sente bene.	merāty ta'bāna مراتي تعابة
Mia figlia ...	bennty ... بنتي ...
Mia madre ...	waldety ... والدتي ...
Ho mal di ...	ana 'andy ... أنا عندي ...
testa	ṣodā' صداع
gola	eḥtiqān fel zore إحتقان في الزور
pancia	maɣaṣṣ مغص
denti	alam asnān ألم أسنان
Mi gira la testa.	ʃā'er be dawār شاعر بدوار
Ha la febbre. (m)	'andak ḥomma عنده حمي
Ha la febbre. (f)	'andaha ḥomma عندها حمي
Non riesco a respirare.	meʃ 'āder attnaffess مش قادر أتنفس
Mi manca il respiro.	meʃ 'āder attnaffess مش قادر أتنفس
Sono asmatico.	ana 'andy azzma أنا عندي أزمة
Sono diabetico /diabetica/.	ana 'andy el sokkar أنا عندي السكر

Soffro d'insonnia.	meʃ 'āder anām **مش قادر أنام**
intossicazione alimentare	tassammom ɣezā'y **تسمم غذائي**

Fa male qui.	betewwga' hena **بتوجع هنا**
Mi aiuti!	sā'edny! **ساعدني!**
Sono qui!	ana hena! **أنا هنا!**
Siamo qui!	eḥna hena! **إحنا هنا!**
Mi tiri fuori di qui!	χarragūny men hena **خرجوني من هنا**
Ho bisogno di un dottore.	ana meḥtāg ṭabīb **أنا محتاج طبيب**
Non riesco a muovermi.	meʃ 'āder at-ḥarrak **مش قادر أتحرك**
Non riesco a muovere le gambe.	meʃ 'āder aḥarrak reglaya **مش قادر أحرك رجلية**

Ho una ferita.	'andy garrḥḥ **عندي جرح**
È grave?	da beggad? **دة بجد؟**
I miei documenti sono in tasca.	awwrā'y fi geyby **أوراقي في جيبي**
Si calmi!	ehhda'! **إهدا!**
Posso usare il suo telefono?	momken asstaχdem telefonak? **ممكن أستخدم تليفونك؟**

Chiamate l'ambulanza!	oṭlob 'arabeyet es'āf! **أطلب عربية إسعاف!**
È urgente!	di ḥāla messta'gela! **دي حالة مستعجلة!**
È un'emergenza!	di ḥāla ṭāre'a! **دي حالة طارئة!**
Per favore, faccia presto!	besor'a men faḍlak! **بسرعة من فضلك!**
Per favore, chiamate un medico.	momken tekallem doktore men faḍlak? **ممكن تكلم دكتور من فضلك؟**
Dov'è l'ospedale?	feyn el mostaʃfa? **فين المستشفى؟**

Come si sente?	ḥāsses be eyh dellwa'ty **حاسس بإيه دلوقتي؟**
Sta bene?	enta beχeyr? **إنت بخير؟**
Che cosa è successo?	eh elly ḥaṣal? **إيه إللي حصل؟**

Mi sento meglio ora.	ana ḥāsseṣ eny aḥssan dellwa'ty أنا حاسس إني أحسن دلوقتي
Va bene.	tamām تمام
Va tutto bene.	kollo tamām كله تمام

In farmacia

farmacia	ṣaydaliya **صيدلية**
farmacia di turno	ṣaydaliya arbʿa we ʿeʃrīn sāʿa **صيدلية 24 ساعة**
Dov'è la farmacia più vicina?	feyn aqrab ṣaydaliya? **فين أقرب صيدلية؟**

È aperta a quest'ora?	hiya fat-ḥa dellwaʾty? **هي فاتحة دلوقتي؟**
A che ora apre?	betefftaḥ emta? **بتفتح إمتى؟**
A che ora chiude?	beteʾffel emta? **بتقفل إمتى؟**

È lontana?	hiya beʿeyda? **هي بعيدة؟**
Posso andarci a piedi?	momken awṣal henāk māʃy? **ممكن أوصل هناك ماشي؟**
Può mostrarmi sulla piantina?	momken tewarrīny ʿlal χarīṭa? **ممكن توريني على الخريطة؟**

Per favore, può darmi qualcosa per ...	men faḍlak eddīny ḥāga le... **من فضلك إديني حاجة لـ...**
il mal di testa	el sodāʿ **الصداع**
la tosse	el koḥḥa **الكحة**
il raffreddore	el bard **البرد**
l'influenza	influenza **الأنفلونزا**

la febbre	el ḥumma **الحمى**
il mal di stomaco	el maɣaṣṣ **المغص**
la nausea	el ɣasayān **الغثيان**
la diarrea	el es-hāl **الإسهال**
la costipazione	el emsāk **الإمساك**
mal di schiena	alam fel ẓahr **ألم في الظهر**

dolore al petto	alam fel ṣadr ألم في الصدر
fitte al fianco	ɣorrza ganebiya غرزة جانبية
dolori addominali	alam fel baṭṭn ألم في البطن
pastiglia	ḥabba حبة
pomata	marham, krīm مرهم، كريم
sciroppo	ʃarāb شراب
spray	baχāχ بخاخ
gocce	noqaṭṭ نقط
Deve andare in ospedale.	enta meḥtāg terūḥ انت محتاج تروح المستشفى
assicurazione sanitaria	ta'mīn ṣeḥḥy تأمين صحي
prescrizione	roʃetta روشتة
insettifugo	ṭāred lel ḥaʃarāt طارد للحشرات
cerotto	blastar بلاستر

Il minimo indispensabile

Mi scusi, ...	ba'd ezznak, ... بعد إذنك، ...
Buongiorno.	ahlan أهلا
Grazie.	ʃokran شكرا
Arrivederci.	ella alliqā' إلى اللقاء
Sì.	aywā أيوة
No.	la'a لأ
Non lo so.	ma'rafʃ ما أعرفش
Dove? | Dove? (~ stai andando?) | Quando?	feyn? | lefeyn? | emta? فين؟ | لفين؟ | إمتى؟

Ho bisogno di ...	meḥtāg ... محتاج ...
Voglio ...	'āyez ... عايز ...
Avete ...?	ya tara 'andak ...? يا ترى عندك...؟
C'è un /una/ ... qui?	feyh hena ...? فيه هنا ...؟
Posso ...?	momken ...? ممكن ...؟
per favore	... men faḍlak ... من فضلك

Sto cercando ...	ana badawwar 'la ... أنا بادور على ...
il bagno	ḥammām حمام
un bancomat	makīnet ṣarraf 'āaly ماكينة صراف آلي
una farmacia	ṣaydaliya صيدلية
un ospedale	mostaʃfa مستشفى
la stazione di polizia	'essm el ʃorṭa قسم شرطة
la metro	metro el anfā' مترو الأنفاق

un taxi	taksi تاكسي
la stazione (ferroviaria)	mahattet el 'aṭṭr محطة القطر

Mi chiamo ...	essmy ... إسمي...
Come si chiama?	essmak eyh? اسمك إيه؟
Mi può aiutare, per favore?	te'ddar tesā'dny? تقدر تساعدني؟
Ho un problema.	ana 'andy moʃkela أنا عندي مشكلة
Mi sento male.	ana ta'bān أنا تعبان
Chiamate l'ambulanza!	otlob 'arabeyet es'āf! أطلب عربية إسعاف!
Posso fare una telefonata?	momken a'mel mokalma telefoniya? ممكن أعمل مكالمة تليفونية؟

Mi dispiace.	ana 'āṣsif أنا آسف
Prego.	el 'afw العفو

io	ana أنا
tu	enta أنت
lui	howwa هو
lei	hiya هي
loro (m)	homm هم
loro (f)	homm هم
noi	eḥna احنا
voi	entom انتم
Lei	ḥaḍḍretak حضرتك

ENTRATA	doχūl دخول
USCITA	χorūg خروج
FUORI SERVIZIO	'aṭṭlān عطلان
CHIUSO	moɣlaq مغلق

APERTO	maftūḥ مفتوح
DONNE	lel sayedāt للسيدات
UOMINI	lel regāl للرجال

DIZIONARIO RIDOTTO

Questa sezione contiene più di 1.500 termini utili. Il dizionario include molti termini gastronomici che risulteranno utili per ordinare pietanze al ristorante o per fare acquisti di genere alimentare

T&P Books Publishing

INDICE DEL DIZIONARIO

T&P Books Publishing

1. Orario. Calendario

tempo (m)	waqt (m)	وقت
ora (f)	sāʿa (f)	ساعة
mezzora (f)	niṣf sāʿa (m)	نصف ساعة
minuto (m)	daqīqa (f)	دقيقة
secondo (m)	θāniya (f)	ثانية
oggi (avv)	al yawm	اليوم
domani	ɣadan	غدًا
ieri (avv)	ams	أمس
lunedì (m)	yawm al iθnayn (m)	يوم الإثنين
martedì (m)	yawm aθ θulāθāʾ (m)	يوم الثلاثاء
mercoledì (m)	yawm al arbiʿāʾ (m)	يوم الأربعاء
giovedì (m)	yawm al χamīs (m)	يوم الخميس
venerdì (m)	yawm al ʒumʿa (m)	يوم الجمعة
sabato (m)	yawm as sabt (m)	يوم السبت
domenica (f)	yawm al aḥad (m)	يوم الأحد
giorno (m)	yawm (m)	يوم
giorno (m) lavorativo	yawm ʿamal (m)	يوم عمل
giorno (m) festivo	yawm al ʿuṭla ar rasmiyya (m)	يوم العطلة الرسمية
fine (m) settimana	ayyām al ʿuṭla (pl)	أيام العطلة
settimana (f)	usbūʿ (m)	أسبوع
la settimana scorsa	fil isbūʿ al māḍi	في الأسبوع الماضي
la settimana prossima	fil isbūʿ al qādim	في الأسبوع القادم
levata (f) del sole	ʃurūq aʃ ʃams (m)	شروق الشمس
tramonto (m)	ɣurūb aʃ ʃams (m)	غروب الشمس
di mattina	fiṣ ṣabāḥ	في الصباح
nel pomeriggio	baʿd aẓ ẓuhr	بعد الظهر
di sera	fil masāʾ	في المساء
stasera	al yawm fil masāʾ	اليوم في المساء
di notte	bil layl	بالليل
mezzanotte (f)	muntaṣif al layl (m)	منتصف الليل
gennaio (m)	yanāyir (m)	يناير
febbraio (m)	fibrāyir (m)	فبراير
marzo (m)	māris (m)	مارس
aprile (m)	abrīl (m)	أبريل
maggio (m)	māyu (m)	مايو
giugno (m)	yūnyu (m)	يونيو
luglio (m)	yūlyu (m)	يوليو

agosto (m)	aɣusṭus (m)	أغسطس
settembre (m)	sibtambar (m)	سبتمبر
ottobre (m)	uktūbir (m)	أكتوبر
novembre (m)	nuvimbar (m)	نوفمبر
dicembre (m)	disimbar (m)	ديسمبر
in primavera	fir rabīʿ	في الربيع
in estate	fiṣ ṣayf	في الصيف
in autunno	fil χarīf	في الخريف
in inverno	fiʃ ʃitāʾ	في الشتاء
mese (m)	ʃahr (m)	شهر
stagione (f) (estate, ecc.)	faṣl (m)	فصل
anno (m)	sana (f)	سنة
secolo (m)	qarn (m)	قرن

2. Numeri. Numerali

cifra (f)	raqm (m)	رقم
numero (m)	ʿadad (m)	عدد
meno (m)	nāqiṣ (m)	ناقص
più (m)	zāʾid (m)	زائد
somma (f)	maʒmūʿ (m)	مجموع
primo	awwal	أوّل
secondo	θāni	ثان
terzo	θāliθ	ثالث
zero (m)	ṣifr	صفر
uno	wāḥid	واحد
due	iθnān	إثنان
tre	θalāθa	ثلاثة
quattro	arbaʿa	أربعة
cinque	χamsa	خمسة
sei	sitta	ستّة
sette	sabʿa	سبعة
otto	θamāniya	ثمانية
nove	tisʿa	تسعة
dieci	ʿaʃara	عشرة
undici	aḥad ʿaʃar	أحد عشر
dodici	iθnā ʿaʃar	إثنا عشر
tredici	θalāθat ʿaʃar	ثلاثة عشر
quattordici	arbaʿat ʿaʃar	أربعة عشر
quindici	χamsat ʿaʃar	خمسة عشر
sedici	sittat ʿaʃar	ستّة عشر
diciassette	sabʿat ʿaʃar	سبعة عشر
diciotto	θamāniyat ʿaʃar	ثمانية عشر

diciannove	tisʿat ʿaʃar	تسعة عشر
venti	ʿiʃrūn	عشرون
trenta	θalāθīn	ثلاثون
quaranta	arbaʿūn	أربعون
cinquanta	χamsūn	خمسون
sessanta	sittūn	ستّون
settanta	sabʿūn	سبعون
ottanta	θamānūn	ثمانون
novanta	tisʿūn	تسعون
cento	miʾa	مائة
duecento	miʾatān	مائتان
trecento	θalāθumiʾa	ثلاثمائة
quattrocento	rubʿumiʾa	أربعمائة
cinquecento	χamsumiʾa	خمسمائة
seicento	sittumiʾa	ستّمائة
settecento	sabʿumiʾa	سبعمائة
ottocento	θamānimiʾa	ثمانمائة
novecento	tisʿumiʾa	تسعمائة
mille	alf	ألف
diecimila	ʿaʃarat ʾālāf	عشرة آلاف
centomila	miʾat alf	مائة ألف
milione (m)	milyūn (m)	مليون
miliardo (m)	milyār (m)	مليار

3. L'uomo. Membri della famiglia

uomo (m) (adulto maschio)	raʒul (m)	رجل
giovane (m)	ʃābb (m)	شابّ
adolescente (m, f)	murāhiq (m)	مراهق
donna (f)	imraʾa (f)	إمرأة
ragazza (f)	fatāt (f)	فتاة
età (f)	ʿumr (m)	عمر
adulto (m)	bāliɣ (m)	بالغ
di mezza età	fi muntaṣaf al ʿumr	في منتصف العمر
anziano (agg)	ʿaʒūz	عجوز
vecchio (agg)	ʿaʒūz	عجوز
vecchio (m)	ʿaʒūz (m)	عجوز
vecchia (f)	ʿaʒūza (f)	عجوزة
pensionamento (m)	maʿāʃ (m)	معاش
andare in pensione	uḥīl ʿalal maʿāʃ	أحيل على المعاش
pensionato (m)	mutaqāʿid (m)	متقاعد
madre (f)	umm (f)	أمّ
padre (m)	ab (m)	أب
figlio (m)	ibn (m)	إبن

figlia (f)	ibna (f)	إبنة
fratello (m)	aχ (m)	أخ
fratello (m) maggiore	al aχ al kabīr (m)	الأخ الكبير
fratello (m) minore	al aχ aṣ ṣaɣīr (m)	الأخ الصغير
sorella (f)	uχt (f)	أخت
sorella (f) maggiore	al uχt al kabīra (f)	الأخت الكبيرة
sorella (f) minore	al uχt aṣ ṣaɣīra (f)	الأخت الصغيرة
genitori (m pl)	wālidān (du)	والدان
bambino (m)	ṭifl (m)	طفل
bambini (m pl)	aṭfāl (pl)	أطفال
matrigna (f)	zawʒat al ab (f)	زوجة الأب
patrigno (m)	zawʒ al umm (m)	زوج الأمّ
nonna (f)	ʒidda (f)	جدّة
nonno (m)	ʒadd (m)	جدّ
nipote (m) (figlio di un figlio)	ḥafīd (m)	حفيد
nipote (f)	ḥafīda (f)	حفيدة
nipoti (pl)	aḥfād (pl)	أحفاد
zio (m)	ʻamm (m), χāl (m)	عمّ, خال
zia (f)	ʻamma (f), χāla (f)	عمّة, خالة
nipote (m) (figlio di un fratello)	ibn al aχ (m), ibn al uχt (m)	إبن الأخ, إبن الأخت
nipote (f)	ibnat al aχ (f), ibnat al uχt (f)	إبنة الأخ, إبنة الأخت
moglie (f)	zawʒa (f)	زوجة
marito (m)	zawʒ (m)	زوج
sposato (agg)	mutazawwiʒ	متزوّج
sposata (agg)	mutazawwiʒa	متزوّجة
vedova (f)	armala (f)	أرملة
vedovo (m)	armal (m)	أرمل
nome (m)	ism (m)	إسم
cognome (m)	ism al ʻāʼila (m)	إسم العائلة
parente (m)	qarīb (m)	قريب
amico (m)	ṣadīq (m)	صديق
amicizia (f)	ṣadāqa (f)	صداقة
partner (m)	rafīq (m)	رفيق
capo (m), superiore (m)	raʼīs (m)	رئيس
collega (m)	zamīl (m)	زميل
vicini (m pl)	ʒirān (pl)	جيران

4. Corpo umano. Anatomia

organismo (m)	ʒism (m)	جسم
corpo (m)	ʒism (m)	جسم
cuore (m)	qalb (m)	قلب
sangue (m)	dam (m)	دم

cervello (m)	muχχ (m)	مخّ
nervo (m)	ʻaṣab (m)	عصب
osso (m)	ʻaẓm (m)	عظم
scheletro (m)	haykal ʻaẓmiy (m)	هيكل عظميّ
colonna (f) vertebrale	ʻamūd faqriy (m)	عمود فقري
costola (f)	ḍilʻ (m)	ضلع
cranio (m)	ʒumʒuma (f)	جمجمة
muscolo (m)	ʻaḍala (f)	عضلة
polmoni (m pl)	riʼatān (du)	رئتان
pelle (f)	buʃra (m)	بشرة
testa (f)	raʼs (m)	رأس
viso (m)	waʒh (m)	وجه
naso (m)	anf (m)	أنف
fronte (f)	ʒabha (f)	جبهة
guancia (f)	χadd (m)	خدّ
bocca (f)	fam (m)	فم
lingua (f)	lisān (m)	لسان
dente (m)	sinn (f)	سنّ
labbra (f pl)	ʃifāh (pl)	شفاه
mento (m)	ðaqan (m)	ذقن
orecchio (m)	uðun (f)	أذن
collo (m)	raqaba (f)	رقبة
gola (f)	ḥalq (m)	حلق
occhio (m)	ʻayn (f)	عين
pupilla (f)	ḥadaqa (f)	حدقة
sopracciglio (m)	ḥāʒib (m)	حاجب
ciglio (m)	rimʃ (m)	رمش
capelli (m pl)	ʃaʻr (m)	شعر
pettinatura (f)	tasrīḥa (f)	تسريحة
baffi (m pl)	ʃawārib (pl)	شوارب
barba (f)	liḥya (f)	لحية
portare (~ la barba, ecc.)	ʻindahu	عنده
calvo (agg)	aṣlaʻ	أصلع
mano (f)	yad (m)	يد
braccio (m)	ðirāʻ (f)	ذراع
dito (m)	iṣbaʻ (m)	إصبع
unghia (f)	ẓufr (m)	ظفر
palmo (m)	kaff (f)	كفّ
spalla (f)	katf (f)	كتف
gamba (f)	riʒl (f)	رجل
pianta (f) del piede	qadam (f)	قدم
ginocchio (m)	rukba (f)	ركبة
tallone (m)	ʻaqb (m)	عقب
schiena (f)	ẓahr (m)	ظهر

vita (f)	χaṣr (m)	خصر
neo (m)	ʃāma (f)	شامة
voglia (f) (~ di fragola)	waḥma	وحمة

5. Medicinali. Malattie. Farmaci

salute (f)	ṣiḥḥa (f)	صحّة
sano (agg)	salīm	سليم
malattia (f)	maraḍ (m)	مرض
essere malato	maraḍ	مرض
malato (agg)	marīḍ	مريض
raffreddore (m)	bard (m)	برد
raffreddarsi (vr)	aṣābahu al bard	أصابه البرد
tonsillite (f)	iltihāb al lawzatayn (m)	التهاب اللوزتين
polmonite (f)	iltihāb ar riʾatayn (m)	إلتهاب الرئتين
influenza (f)	inflūnza (f)	إنفلونزا
raffreddore (m)	zukām (m)	زكام
tosse (f)	suʿāl (m)	سعال
tossire (vi)	saʿal	سعل
starnutire (vi)	ʿaṭas	عطس
ictus (m) cerebrale	sakta (f)	سكتة
attacco (m) di cuore	iḥtiʃāʾ (m)	إحتشاء
allergia (f)	ḥassāsiyya (f)	حسّاسيّة
asma (f)	rabw (m)	ربو
diabete (m)	ad dāʾ as sukkariy (m)	الداء السكّريّ
tumore (m)	waram (m)	ورم
cancro (m)	saraṭān (m)	سرطان
alcolismo (m)	idmān al χamr (m)	إدمان الخمر
AIDS (m)	al aydz (m)	الايدز
febbre (f)	ḥumma (f)	حمّى
mal (m) di mare	duwār al baḥr (m)	دوار البحر
livido (m)	kadma (f)	كدمة
bernoccolo (m)	tawarrum (m)	تورّم
zoppicare (vi)	ʿaraʒ	عرج
slogatura (f)	χalʿ (m)	خلع
slogarsi (vr)	χalaʿ	خلع
frattura (f)	kasr (m)	كسر
scottatura (f)	ḥarq (m)	حرق
ferita (f)	iṣāba (f)	إصابة
dolore (m), male (m)	alam (m)	ألم
mal (m) di denti	alam al asnān (m)	ألم الأسنان
sudare (vi)	ʿariq	عرق
sordo (agg)	aṭraʃ	أطرش

muto (agg)	aχras	أخرس
immunità (f)	manā'a (f)	مناعة
virus (m)	virūs (m)	فيروس
microbo (m)	mikrūb (m)	ميكروب
batterio (m)	ʒurθūma (f)	جرثومة
infezione (f)	'adwa (f)	عدوى
ospedale (m)	mustaʃfa (m)	مستشفى
cura (f)	'ilāʒ (m)	علاج
vaccinare (vt)	laqqaḥ	لقّح
essere in coma	kān fi ḥālat ɣaybūba	كان في حالة غيبوبة
rianimazione (f)	al 'ināya al murakkaza (f)	العناية المركّزة
sintomo (m)	'araḍ (m)	عرض
polso (m)	nabḍ (m)	نبض

6. Sentimenti. Emozioni. Conversazione

io	ana	أنا
tu (masc.)	anta	أنت
tu (fem.)	anti	أنت
lui	huwa	هو
lei	hiya	هي
noi	naḥnu	نحن
voi	antum	أنتم
loro	hum	هم
Buongiorno!	as salāmu 'alaykum!	السلام عليكم!
Buongiorno! (la mattina)	ṣabāḥ al χayr!	صباح الخير!
Buon pomeriggio!	nahārak sa'īd!	نهارك سعيد!
Buonasera!	masā' al χayr!	مساء الخير!
salutare (vt)	sallam	سلّم
salutare (vt)	sallam 'ala	سلّم على
Come sta? Come stai?	kayfa ḥāluka?	كيف حالك؟
Arrivederci!	ma' as salāma!	مع السلامة!
Grazie!	ʃukran!	شكرًا!
sentimenti (m pl)	maʃā'ir (pl)	مشاعر
avere fame	arād an ya'kul	أراد أن يأكل
avere sete	arād an yaʃrab	أراد أن يشرب
stanco (agg)	ta'bān	تعبان
essere preoccupato	qalaq	قلق
essere nervoso	qalaq	قلق
speranza (f)	amal (m)	أمل
sperare (vi, vt)	tamanna	تمنّى
carattere (m)	ṭab' (m)	طبع
modesto (agg)	mutawāḍi'	متواضع
pigro (agg)	kaslān	كسلان

generoso (agg)	karīm	كريم
di talento	mawhūb	موهوب
onesto (agg)	amīn	أمين
serio (agg)	ʒādd	جادّ
timido (agg)	χaʒūl	خجول
sincero (agg)	muχliṣ	مخلص
codardo (m)	ʒabān (m)	جبان
dormire (vi)	nām	نام
sogno (m)	ḥulm (m)	حلم
letto (m)	sarīr (m)	سرير
cuscino (m)	wisāda (f)	وسادة
insonnia (f)	araq (m)	أرق
andare a letto	ðahab ila n nawm	ذهب إلى النوم
incubo (m)	kābūs (m)	كابوس
sveglia (f)	munabbih (m)	منبّه
sorriso (m)	ibtisāma (f)	إبتسامة
sorridere (vi)	ibtasam	إبتسم
ridere (vi)	ḍaḥik	ضحك
litigio (m)	muʃāʒara (f)	مشاجرة
insulto (m)	ihāna (f)	إهانة
offesa (f)	ḍaym (m)	ضيم
arrabbiato (agg)	zaʿlān	زعلان

7. Abbigliamento. Accessori personali

vestiti (m pl)	malābis (pl)	ملابس
cappotto (m)	miʿṭaf (m)	معطف
pelliccia (f)	miʿtaf farw (m)	معطف فرو
giubbotto (m), giaccha (f)	ʒākīt (m)	جاكيت
impermeabile (m)	miʿṭaf lil maṭar (m)	معطف للمطر
camicia (f)	qamīṣ (m)	قميص
pantaloni (m pl)	banṭalūn (m)	بنطلون
giacca (f) (~ di tweed)	sutra (f)	سترة
abito (m) da uomo	badla (f)	بدلة
abito (m)	fustān (m)	فستان
gonna (f)	tannūra (f)	تنّورة
maglietta (f)	ti ʃirt (m)	تي شيرت
accappatoio (m)	θawb ḥammām (m)	ثوب حمّام
pigiama (m)	biʒāma (f)	بيجاما
tuta (f) da lavoro	θiyāb al ʿamal (m)	ثياب العمل
biancheria (f) intima	malābis dāχiliyya (pl)	ملابس داخليّة
calzini (m pl)	ʒawārib (pl)	جوارب
reggiseno (m)	ḥammālat ṣadr (f)	حمّالة صدر

collant (m)	ʒawārib kulūn (pl)	جوارب كولون
calze (f pl)	ʒawārib nisā'iyya (pl)	جوارب نسائية
costume (m) da bagno	libās sibāḥa (m)	لباس سباحة
cappello (m)	qubbaʻa (f)	قبّعة
calzature (f pl)	aḥðiya (pl)	أحذية
stivali (m pl)	būt (m)	بوت
tacco (m)	kaʻb (m)	كعب
laccio (m)	ʃarīṭ (m)	شريط
lucido (m) per le scarpe	warnīʃ al ḥiðā' (m)	ورنيش الحذاء
cotone (m)	quṭn (m)	قطن
lana (f)	ṣūf (m)	صوف
pelliccia (f)	farw (m)	فرو
guanti (m pl)	quffāz (m)	قفّاز
manopole (f pl)	quffāz muɣlaq (m)	قفّاز مغلق
sciarpa (f)	īʃārb (m)	إيشارب
occhiali (m pl)	naẓẓāra (f)	نظّارة
ombrello (m)	ʃamsiyya (f)	شمسيّة
cravatta (f)	karavatta (f)	كرافتة
fazzoletto (m)	mandīl (m)	منديل
pettine (m)	miʃṭ (m)	مشط
spazzola (f) per capelli	furʃat ʃaʻr (f)	فرشة شعر
fibbia (f)	bukla (f)	بكلة
cintura (f)	ḥizām (m)	حزام
borsetta (f)	ʃanṭat yad (f)	شنطة يد
collo (m)	yāqa (f)	ياقة
tasca (f)	ʒayb (m)	جيب
manica (f)	kumm (m)	كمّ
patta (f) (~ dei pantaloni)	lisān (m)	لسان
cerniera (f) lampo	zimām munzaliq (m)	زمام منزلق
bottone (m)	zirr (m)	زرّ
sporcarsi (vr)	tawassaχ	توسّخ
macchia (f)	buqʻa (f)	بقعة

8. Città. Servizi cittadini

negozio (m)	maḥall (m)	محلّ
centro (m) commerciale	markaz tiʒāriy (m)	مركز تجاريّ
supermercato (m)	subirmarkit (m)	سوبرماركت
negozio (m) di scarpe	maḥall aḥðiya (m)	محلّ أحذية
libreria (f)	maḥall kutub (m)	محلّ كتب
farmacia (f)	ṣaydaliyya (f)	صيدليّة
panetteria (f)	maχbaz (m)	مخبز
pasticceria (f)	dukkān ḥalawāniy (m)	دكّان حلوانيّ

drogheria (f)	baqqāla (f)	بقّالة
macelleria (f)	malḥama (f)	ملحمة
fruttivendolo (m)	dukkān χuḍār (m)	دكّان خضار
mercato (m)	sūq (f)	سوق
salone (m) di parrucchiere	ṣālūn ḥilāqa (m)	صالون حلاقة
ufficio (m) postale	maktab al barīd (m)	مكتب البريد
lavanderia (f) a secco	tanẓīf ʒāff (m)	تنظيف جافّ
circo (m)	sirk (m)	سيرك
zoo (m)	ḥadīqat al ḥayawān (f)	حديقة حيوان
teatro (m)	masraḥ (m)	مسرح
cinema (m)	sinima (f)	سينما
museo (m)	matḥaf (m)	متحف
biblioteca (f)	maktaba (f)	مكتبة
moschea (f)	masʒid (m)	مسجد
sinagoga (f)	kanīs maʿbad yahūdiy (m)	كنيس معبد يهوديّ
cattedrale (f)	katidrā'iyya (f)	كاتدرائيّة
tempio (m)	maʿbad (m)	معبد
chiesa (f)	kanīsa (f)	كنيسة
istituto (m)	kulliyya (m)	كلّيّة
università (f)	ʒāmiʿa (f)	جامعة
scuola (f)	madrasa (f)	مدرسة
albergo, hotel (m)	funduq (m)	فندق
banca (f)	bank (m)	بنك
ambasciata (f)	safāra (f)	سفارة
agenzia (f) di viaggi	ʃarikat siyāḥa (f)	شركة سياحة
metropolitana (f)	mitru (m)	مترو
ospedale (m)	mustaʃfa (m)	مستشفى
distributore (m) di benzina	maḥaṭṭat banzīn (f)	محطّة بنزين
parcheggio (m)	mawqif as sayyārāt (m)	موقف السيّارات
ENTRATA	duχūl	دخول
USCITA	χurūʒ	خروج
SPINGERE	idfaʿ	إدفع
TIRARE	isḥab	إسحب
APERTO	maftūḥ	مفتوح
CHIUSO	muɣlaq	مغلق
monumento (m)	timθāl (m)	تمثال
fortezza (f)	qalʿa (f), ḥiṣn (m)	قلعة, حصن
palazzo (m)	qaṣr (m)	قصر
medievale (agg)	min al qurūn al wusṭa	من القرون الوسطى
antico (agg)	qadīm	قديم
nazionale (agg)	waṭaniy	وطنيّ
famoso (agg)	maʃhūr	مشهور

9. Denaro. Mezzi finanziari

soldi (m pl)	nuqūd (pl)	نقود
moneta (f)	qiṭ'a naqdiyya (f)	قطعة نقديّة
dollaro (m)	dulār (m)	دولار
euro (m)	yuru (m)	يورو
bancomat (m)	ṣarrāf 'āliy (m)	صرّاف آليّ
ufficio (m) dei cambi	ṣarrāfa (f)	صرّافة
corso (m) di cambio	si'r aṣ ṣarf (m)	سعر الصرف
contanti (m pl)	nuqūd (pl)	نقود
Quanto?	bikam?	بكم؟
pagare (vi, vt)	dafa'	دفع
pagamento (m)	daf' (m)	دفع
resto (m) (dare il ~)	al bāqi (m)	الباقي
prezzo (m)	si'r (m)	سعر
sconto (m)	χaṣm (m)	خصم
a buon mercato	raχīṣ	رخيص
caro (agg)	ɣāli	غال
banca (f)	bank (m)	بنك
conto (m)	ḥisāb (m)	حساب
carta (f) di credito	biṭāqat i'timān (f)	بطاقة إئتمان
assegno (m)	ʃīk (m)	شيك
emettere un assegno	katab ʃīk	كتب شيكًا
libretto (m) di assegni	daftar ʃīkāt (m)	دفتر شيكات
debito (m)	dayn (m)	دين
debitore (m)	mudīn (m)	مدين
prestare (~ i soldi)	sallaf	سلّف
prendere in prestito	istalaf	إستلف
noleggiare (~ un abito)	ista'ʒar	إستأجر
a credito	bid dayn	بالدين
portafoglio (m)	maḥfaẓat ʒīb (f)	محفظة جيب
cassaforte (f)	χizāna (f)	خزانة
eredità (f)	wirāθa (f)	وراثة
fortuna (f)	θarwa (f)	ثروة
imposta (f)	ḍarība (f)	ضريبة
multa (f), ammenda (f)	ɣarāma (f)	غرامة
multare (vt)	faraḍ ɣarāma	فرض غرامة
all'ingrosso (agg)	al ʒumla	الجملة
al dettaglio (agg)	at taʒzi'a	التجزئة
assicurare (vt)	amman	أمّن
assicurazione (f)	ta'mīn (m)	تأمين
capitale (m)	ra's māl (m)	رأس مال
giro (m) di affari	dawrat ra's al māl (f)	دورة رأس المال

azione (f)	sahm (m)	سهم
profitto (m)	ribḥ (m)	ربح
redditizio (agg)	murbiḥ	مربح
crisi (f)	azma (f)	أزمة
bancarotta (f)	iflās (m)	إفلاس
fallire (vi)	aflas	أفلس
contabile (m)	muḥāsib (m)	محاسب
stipendio (m)	murattab (m)	مرتّب
premio (m)	ʻilāwa (f)	علاوة

10. Trasporto

autobus (m)	bāṣ (m)	باص
tram (m)	trām (m)	ترام
filobus (m)	truli bāṣ (m)	ترولي باص
andare in ...	rakib ...	ركب...
salire (~ sull'autobus)	rakib	ركب
scendere da ...	nazil min	نزل من
fermata (f) (~ dell'autobus)	mawqif (m)	موقف
capolinea (m)	āχir maḥaṭṭa (f)	آخر محطّة
orario (m)	ʒadwal (m)	جدول
biglietto (m)	taðkira (f)	تذكرة
essere in ritardo	ta'aχχar	تأخّر
taxi (m)	taksi (m)	تاكسي
in taxi	bit taksi	بالتاكسي
parcheggio (m) di taxi	mawqif taksi (m)	موقف تاكسي
traffico (m)	ḥarakat al murūr (f)	حركة المرور
ore (f pl) di punta	sāʻat að ðurwa (f)	ساعة الذروة
parcheggiarsi (vr)	awqaf	أوقف
metropolitana (f)	mitru (m)	مترو
stazione (f)	maḥaṭṭa (f)	محطّة
treno (m)	qiṭār (m)	قطار
stazione (f) ferroviaria	maḥaṭṭat qiṭār (f)	محطّة قطار
rotaie (f pl)	quḍubān (pl)	قضبان
scompartimento (m)	ɣurfa (f)	غرفة
cuccetta (f)	sarīr (m)	سرير
aereo (m)	ṭā'ira (f)	طائرة
biglietto (m) aereo	taðkirat ṭā'ira (f)	تذكرة طائرة
compagnia (f) aerea	ʃarikat ṭayarān (f)	شركة طيران
aeroporto (m)	maṭār (m)	مطار
volo (m)	ṭayarān (m)	طيران
bagaglio (m)	aʃ ʃunaṭ (pl)	الشنط

carrello (m)	ʿarabat ʃunaṭ (f)	عربة شنط
nave (f)	safīna (f)	سفينة
transatlantico (m)	bāχira siyaḥiyya (f)	باخرة سياحيّة
yacht (m)	yaχt (m)	يخت
barca (f)	markab (m)	مركب
capitano (m)	qubṭān (m)	قبطان
cabina (f)	kabīna (f)	كابينة
porto (m)	mīnā' (m)	ميناء
bicicletta (f)	darrāʒa (f)	درّاجة
motorino (m)	skutir (m)	سكوتر
motocicletta (f)	darrāʒa nāriyya (f)	درّاجة ناريّة
pedale (m)	dawwāsa (f)	دوّاسة
pompa (f)	ṭulumba (f)	طلمبة
ruota (f)	ʿaʒala (f)	عجلة
automobile (f)	sayyāra (f)	سيّارة
ambulanza (f)	isʿāf (m)	إسعاف
camion (m)	ʃāḥina (f)	شاحنة
di seconda mano	mustaʿmal	مستعمل
incidente (m)	ḥādiθ sayyāra (f)	حادث سيّارة
riparazione (f)	iṣlāḥ (m)	إصلاح

11. Cibo. Parte 1

carne (f)	laḥm (m)	لحم
pollo (m)	daʒāʒ (m)	دجاج
anatra (f)	baṭṭa (f)	بطّة
maiale (m)	laḥm al χinzīr (m)	لحم الخنزير
vitello (m)	laḥm il ʿiʒl (m)	لحم العجل
agnello (m)	laḥm aḍ ḍa'n (m)	لحم الضأن
manzo (m)	laḥm al baqar (m)	لحم البقر
salame (m)	suʒuq (m)	سجق
uovo (m)	bayḍa (f)	بيضة
pesce (m)	samak (m)	سمك
formaggio (m)	ʒubna (f)	جبنة
zucchero (m)	sukkar (m)	سكّر
sale (m)	milḥ (m)	ملح
riso (m)	urz (m)	أرز
pasta (f)	makarūna (f)	مكرونة
burro (m)	zubda (f)	زبدة
olio (m) vegetale	zayt (m)	زيت
pane (m)	χubz (m)	خبز
cioccolato (m)	ʃukulāta (f)	شكولاتة
vino (m)	nabīð (f)	نبيذ
caffè (m)	qahwa (f)	قهوة

latte (m)	ḥalīb (m)	حليب
succo (m)	ʻaṣīr (m)	عصير
birra (f)	bīra (f)	بيرة
tè (m)	ʃāy (m)	شاي
pomodoro (m)	ṭamāṭim (f)	طماطم
cetriolo (m)	χiyār (m)	خيار
carota (f)	ʒazar (m)	جزر
patata (f)	baṭāṭis (f)	بطاطس
cipolla (f)	baṣal (m)	بصل
aglio (m)	θūm (m)	ثوم
cavolo (m)	kurumb (m)	كرنب
barbabietola (f)	banʒar (m)	بنجر
melanzana (f)	bātinʒān (m)	باذنجان
aneto (m)	ʃabat (m)	شبت
lattuga (f)	χass (m)	خسّ
mais (m)	ðura (f)	ذرّة
frutto (m)	fākiha (f)	فاكهة
mela (f)	tuffāḥa (f)	تفّاحة
pera (f)	kummaθra (f)	كمّثرى
limone (m)	laymūn (m)	ليمون
arancia (f)	burtuqāl (m)	برتقال
fragola (f)	farawla (f)	فراولة
prugna (f)	barqūq (m)	برقوق
lampone (m)	tūt al ʻullayq al aḥmar (m)	توت العلّيق الأحمر
ananas (m)	ananās (m)	أناناس
banana (f)	mawz (m)	موز
anguria (f)	baṭṭīχ aḥmar (m)	بطّيخ أحمر
uva (f)	ʻinab (m)	عنب
melone (m)	baṭṭīχ aṣfar (f)	بطّيخ أصفر

12. Cibo. Parte 2

cucina (f)	maṭbaχ (m)	مطبخ
ricetta (f)	waṣfa (f)	وصفة
cibo (m)	akl (m)	أكل
fare colazione	afṭar	أفطر
pranzare (vi)	taɣadda	تغدّى
cenare (vi)	taʻaʃʃa	تعشّى
gusto (m)	ṭaʻm (m)	طعم
buono, gustoso (agg)	laðīð	لذيذ
freddo (agg)	bārid	بارد
caldo (agg)	sāχin	ساخن
dolce (gusto)	musakkar	مسكّر
salato (agg)	māliḥ	مالح

panino (m)	sandawitʃ (m)	ساندويتش
contorno (m)	ṭabaq ʒānibiy (m)	طبق جانبيّ
ripieno (m)	ḥaʃwa (f)	حشوة
salsa (f)	ṣalṣa (f)	صلصة
pezzo (m) (~ di torta)	qiṭʿa (f)	قطعة
dieta (f)	ḥimya ɣaðāʾiyya (f)	حمية غذائية
vitamina (f)	vitamīn (m)	فيتامين
caloria (f)	suʿra ḥarāriyya (f)	سعرة حراريّة
vegetariano (m)	nabātiy (m)	نباتيّ
ristorante (m)	maṭʿam (m)	مطعم
caffè (m)	kafé (m), maqha (m)	كافيه, مقهى
appetito (m)	ʃahiyya (f)	شهيّة
Buon appetito!	hanīʾan marīʾan!	هنيئًا مريئًا!
cameriere (m)	nādil (m)	نادل
cameriera (f)	nādila (f)	نادلة
barista (m)	bārman (m)	بارمان
menù (m)	qāʾimat aṭ ṭaʿām (f)	قائمة طعام
cucchiaio (m)	milʿaqa (f)	ملعقة
coltello (m)	sikkīn (m)	سكّين
forchetta (f)	ʃawka (f)	شوكة
tazza (f)	finʒān (m)	فنجان
piatto (m)	ṭabaq (m)	طبق
piattino (m)	ṭabaq finʒān (m)	طبق فنجان
tovagliolo (m)	mandīl (m)	منديل
stuzzicadenti (m)	χallat asnān (f)	خلّة أسنان
ordinare (~ il pranzo)	ṭalab	طلب
piatto (m) (~ principale)	waʒba (f)	وجبة
porzione (f)	waʒba (f)	وجبة
antipasto (m)	muqabbilāt (pl)	مقبّلات
insalata (f)	sulṭa (f)	سلطة
minestra (f)	ʃūrba (f)	شوربة
dolce (m)	ḥalawiyyāt (pl)	حلويّات
marmellata (f)	murabba (m)	مربّى
gelato (m)	muθallaʒāt (pl)	مثلّجات
conto (m)	ḥisāb (m)	حساب
pagare il conto	dafaʿ al ḥisāb	دفع الحساب
mancia (f)	baqʃīʃ (m)	بقشيش

13. Casa. Appartamento. Parte 1

casa (f)	bayt (m)	بيت
casa (f) di campagna	bayt rīfiy (m)	بيت ريفيّ
villa (f)	villa (f)	فيلا

piano (m)	ṭābiq (m)	طابق
entrata (f)	madχal (m)	مدخل
muro (m)	ḥā'iṭ (m)	حائط
tetto (m)	saqf (m)	سقف
ciminiera (f)	madχana (f)	مدخنة
soffitta (f)	ʿullayya (f)	علّيّة
finestra (f)	ʃubbāk (m)	شبّاك
davanzale (m)	raff ʃubbāk (f)	رف شبّاك
balcone (m)	ʃurfa (f)	شرفة
scala (f)	sullam (m)	سلّم
cassetta (f) della posta	ṣundūq al barīd (m)	صندوق البريد
secchio (m) della spazzatura	ṣundūq az zubāla (m)	صندوق الزبالة
ascensore (m)	miṣʿad (m)	مصعد
elettricità (f)	kahrabā' (m)	كهرباء
lampadina (f)	lamba (f)	لمبة
interruttore (m)	miftāḥ (m)	مفتاح
presa (f) elettrica	barizat al kahrabā' (f)	بريزة الكهرباء
fusibile (m)	fāṣima (f)	فاصمة
porta (f)	bāb (m)	باب
maniglia (f)	qabḍat al bāb (f)	قبضة الباب
chiave (f)	miftāḥ (m)	مفتاح
zerbino (m)	siʒāda (f)	سجادة
serratura (f)	qifl al bāb (m)	قفل الباب
campanello (m)	ʒaras (m)	جرس
bussata (f)	ṭarq, daqq (m)	طرق, دقّ
bussare (vi)	daqq	دقّ
spioncino (m)	al ʿayn as siḥriyya (m)	العين السحريّة
cortile (m)	finā' (m)	فناء
giardino (m)	ḥadīqa (f)	حديقة
piscina (f)	masbaḥ (m)	مسبح
palestra (f)	qāʿat at tamrīnāt (f)	قاعة التمرينات
campo (m) da tennis	malʿab tinis (m)	ملعب تنس
garage (m)	qarāʒ (m)	جراج
proprietà (f) privata	milkiyya χāṣṣa (f)	ملكيّة خاصّة
cartello (m) di avvertimento	lāfitat taḥðīr (f)	لافتة تحذير
sicurezza (f)	ḥirāsa (f)	حراسة
guardia (f) giurata	ḥāris amn (m)	حارس أمن
lavori (m pl) di restauro	taʒdīdāt (m)	تجديدات
rinnovare (ridecorare)	ʒaddad	جدّد
mettere in ordine	naẓẓam	نظّم
pitturare (~ un muro)	dahan	دهن
carta (f) da parati	waraq ḥīṭān (m)	ورق حيطان
verniciare (vt)	ṭala bil warnīʃ	طلى بالورنيش
tubo (m)	māsūra (f)	ماسورة

strumenti (m pl)	adawāt (pl)	أدوات
seminterrato (m)	sirdāb (m)	سرداب
fognatura (f)	ʃabakit il maʒāry (f)	شبكة مياه المجاري

14. Casa. Appartamento. Parte 2

appartamento (m)	ʃaqqa (f)	شقّة
camera (f), stanza (f)	ɣurfa (f)	غرفة
camera (f) da letto	ɣurfat an nawm (f)	غرفة الوم
sala (f) da pranzo	ɣurfat il akl (f)	غرفة الأكل
salotto (m)	ṣālat al istiqbāl (f)	صالة الإستقبال
studio (m)	maktab (m)	مكتب
ingresso (m)	madχal (m)	مدخل
bagno (m)	ḥammām (m)	حمّام
gabinetto (m)	ḥammām (m)	حمّام
pavimento (m)	arḍ (f)	أرض
soffitto (m)	saqf (m)	سقف
spolverare (vt)	masaḥ al ɣubār	مسح الغبار
aspirapolvere (m)	miknasa kahrabā'iyya (f)	مكنسة كهربائيّة
passare l'aspirapolvere	nazẓaf bi miknasa kahrabā'iyya	نظّف بمكنسة كهربائيّة
frettazzo (m)	mimsaḥa ṭawīla (f)	ممسحة طويلة
strofinaccio (m)	mimsaḥa (f)	ممسحة
scopa (f)	miqaʃʃa (f)	مقشّة
paletta (f)	ʒārūf (m)	جاروف
mobili (m pl)	aθāθ (m)	أثاث
tavolo (m)	maktab (m)	مكتب
sedia (f)	kursiy (m)	كرسيّ
poltrona (f)	kursiy (m)	كرسي
libreria (f)	χizānat kutub (f)	خزانة كتب
ripiano (m)	raff (m)	رفّ
armadio (m)	dūlāb (m)	دولاب
specchio (m)	mir'āt (f)	مرآة
tappeto (m)	siʒāda (f)	سجادة
camino (m)	midfa'a ḥā'iṭiyya (f)	مدفأة حائطيّة
tende (f pl)	satā'ir (pl)	ستائر
lampada (f) da tavolo	miṣbāḥ aṭ ṭāwila (m)	مصباح الطاولة
lampadario (m)	naʒafa (f)	نجفة
cucina (f)	maṭbaχ (m)	مطبخ
fornello (m) a gas	butuɣāz (m)	بوتوغاز
fornello (m) elettrico	furn kaharabā'iy (m)	فرن كهربائيّ
forno (m) a microonde	furn al mikruwayv (m)	فرن الميكروويف
frigorifero (m)	θallāʒa (f)	ثلاجة

congelatore (m)	frīzir (m)	فريزير
lavastoviglie (f)	ɣassāla (f)	غسّالة
rubinetto (m)	ḥanafiyya (f)	حنفيّة
tritacarne (m)	farrāmat laḥm (f)	فرّامة لحم
spremifrutta (m)	ʿaṣṣāra (f)	عصّارة
tostapane (m)	maḥmaṣat χubz (f)	محمصة خبز
mixer (m)	χallāṭ (m)	خلّاط
macchina (f) da caffè	mākinat ṣanʿ al qahwa (f)	ماكينة صنع القهوة
bollitore (m)	barrād (m)	برّاد
teiera (f)	barrād aʃ ʃāy (m)	برّاد الشاي
televisore (m)	tilivizyūn (m)	تليفزيون
videoregistratore (m)	ʒihāz tasʒīl vidiyu (m)	جهاز تسجيل فيديو
ferro (m) da stiro	makwāt (f)	مكواة
telefono (m)	hātif (m)	هاتف

15. Attività lavorative. Condizione sociale

direttore (m)	mudīr (m)	مدير
superiore (m)	ra'īs (m)	رئيس
presidente (m)	ra'īs (m)	رئيس
assistente (m)	musāʿid (m)	مساعد
segretario (m)	sikirtīr (m)	سكرتير
proprietario (m)	ṣāḥib (m)	صاحب
partner (m)	ʃarīk (m)	شريك
azionista (m)	musāhim (m)	مساهم
uomo (m) d'affari	raʒul aʿmāl (m)	رجل أعمال
milionario (m)	milyunīr (m)	مليونير
miliardario (m)	milyardīr (m)	ملياردير
attore (m)	mumaθθil (m)	ممثّل
architetto (m)	muhandis miʿmāriy (m)	مهندس معماريّ
banchiere (m)	ṣāḥib maṣraf (m)	صاحب مصرف
broker (m)	simsār (m)	سمسار
veterinario (m)	ṭabīb bayṭariy (m)	طبيب بيطريّ
medico (m)	ṭabīb (m)	طبيب
cameriera (f)	ʿāmilat tanẓīf ɣuraf (f)	عاملة تنظيف غرف
designer (m)	muṣammim (m)	مصمّم
corrispondente (m)	murāsil (m)	مراسل
fattorino (m)	sāʿi (m)	ساع
elettricista (m)	kahrabā'iy (m)	كهربائيّ
musicista (m)	ʿāzif (m)	عازف
baby-sitter (m, f)	murabbiyat aṭfāl (f)	مربّية الأطفال
parrucchiere (m)	ḥallāq (m)	حلّاق
pastore (m)	rāʿi (m)	راع

cantante (m)	muɣanni (m)	مغنّ
traduttore (m)	mutarʒim (m)	مترجم
scrittore (m)	kātib (m)	كاتب
falegname (m)	naʒʒār (m)	نجّار
cuoco (m)	ṭabbāχ (m)	طبّاخ
pompiere (m)	raʒul iṭfā' (m)	رجل إطفاء
poliziotto (m)	ʃurṭiy (m)	شرطيّ
postino (m)	sā'i al barīd (m)	ساعي البريد
programmatore (m)	mubarmiʒ (m)	مبرمج
commesso (m)	bā'i' (m)	بائع
operaio (m)	'āmil (m)	عامل
giardiniere (m)	bustāniy (m)	بستانيّ
idraulico (m)	sabbāk (m)	سبّاك
dentista (m)	ṭabīb al asnān (m)	طبيب الأسنان
hostess (f)	muḍīfat ṭayarān (f)	مضيفة طيران
danzatore (m)	rāqiṣ (m)	راقص
guardia (f) del corpo	ḥāris ʃaχṣiy (m)	حارس شخصيّ
scienziato (m)	'ālim (m)	عالِم
insegnante (m, f)	mudarris madrasa (m)	مدرّس مدرسة
fattore (m)	muzāri' (m)	مزارع
chirurgo (m)	ʒarrāḥ (m)	جرّاح
minatore (m)	'āmil manʒam (m)	عامل منجم
capocuoco (m)	ʃāf (m)	شاف
autista (m)	sā'iq (m)	سائق

16. Sport

sport (m)	naw' min ar riyāḍa (m)	نوع من الرياضة
calcio (m)	kurat al qadam (f)	كرة القدم
hockey (m)	huki (m)	هوكي
pallacanestro (m)	kurat as salla (f)	كرة السلّة
baseball (m)	kurat al qā'ida (f)	كرة القاعدة
pallavolo (m)	al kura aṭ ṭā'ira (m)	الكرة الطائرة
pugilato (m)	mulākama (f)	ملاكمة
lotta (f)	muṣāra'a (f)	مصارعة
tennis (m)	tinis (m)	تنس
nuoto (m)	sibāḥa (f)	سباحة
scacchi (m pl)	ʃaṭranʒ (m)	شطرنج
corsa (f)	ʒary (m)	جري
atletica (f) leggera	al'āb al qiwa (pl)	ألعاب القوى
pattinaggio (m) artistico	tazalluʒ fanniy 'alal ʒalīd (m)	تزلّج فنّيّ على الجليد
ciclismo (m)	sibāq ad darrāʒāt (m)	سباق الدرّاجات
biliardo (m)	bilyārdu (m)	بلياردو

culturismo (m)	kamāl aʒsām (m)	كمال أجسام
golf (m)	gūlf (m)	جولف
immersione (f) subacquea	al ɣawṣ taḥt al mā' (m)	الغوص تحت الماء
vela (f)	riyāḍa ibḥār al marākib (f)	رياضة إبحار المراكب
tiro (m) con l'arco	rimāya (f)	رماية
tempo (m)	ʃawṭ (m)	شوط
intervallo (m)	istirāḥa ma bayn aʃ ʃawṭayn (f)	إستراحة ما بين الشوطين
pareggio (m)	ta'ādul (m)	تعادل
pareggiare (vi)	ta'ādal	تعادل
tapis roulant (m)	ʒihāz al maʃy (m)	جهاز المشي
giocatore (m)	lā'ib (m)	لاعب
riserva (f)	lā'ib iḥtiyāṭiy (m)	لاعب إحتياطيّ
panchina (f)	dikkat al iḥṭiāṭy (f)	دكّة الإحتياطي
partita (f)	mubārāt (f)	مباراة
porta (f)	marma (m)	مرمى
portiere (m)	ḥāris al marma (m)	حارس المرمى
gol (m)	hadaf (m)	هدف
Giochi (m pl) Olimpici	al'āb ulumbiyya (pl)	ألعاب أولمبيّة
stabilire un record	fāz bi raqm qiyāsiy	فاز برقم قياسيّ
finale (m)	mubarāt nihā'iyya (f)	مباراة نهائيّة
campione (m)	baṭal (m)	بطل
campionato (m)	buṭūla (f)	بطولة
vincitore (m)	fā'iz (m)	فائز
vittoria (f)	fawz (m)	فوز
vincere (vi)	fāz	فاز
perdere (vt)	χasir	خسر
medaglia (f)	midāliyya (f)	ميداليّة
primo posto (m)	al martaba al ūla (f)	المرتبة الأولى
secondo posto (m)	al martaba aθ θāniya (f)	المرتبة الثانية
terzo posto (m)	al martaba aθ θāliθa (f)	المرتبة الثالثة
stadio (m)	mal'ab (m)	ملعب
tifoso, fan (m)	muʃaʒʒi' (m)	مشجّع
allenatore (m)	mudarrib (m)	مدرّب
allenamento (m)	tadrīb (m)	تدريب

17. Lingue straniere. Ortografia

lingua (f)	luɣa (f)	لغة
studiare (vt)	daras	درس
pronuncia (f)	nuṭq (m)	نطق
accento (m)	lukna (f)	لكنة
sostantivo (m)	ism (m)	إسم

aggettivo (m)	ṣifa (f)	صفة
verbo (m)	fiʿl (m)	فعل
avverbio (m)	ẓarf (m)	ظرف
pronome (m)	ḍamīr (m)	ضمير
interiezione (f)	ḥarf nidāʾ (m)	حرف نداء
preposizione (f)	ḥarf al ʒarr (m)	حرف الجرّ
radice (f)	ʒiðr al kalima (m)	جذر الكلمة
desinenza (f)	nihāya (f)	نهاية
prefisso (m)	sābiqa (f)	سابقة
sillaba (f)	maqṭaʿ lafẓiy (m)	مقطع لفظيّ
suffisso (m)	lāḥiqa (f)	لاحقة
accento (m)	nabra (f)	نبرة
punto (m)	nuqṭa (f)	نقطة
virgola (f)	fāṣila (f)	فاصلة
due punti	nuqṭatān raʾsiyyatān (du)	نقطتان رأسيتان
puntini di sospensione	θalāθ nuqaṭ (pl)	ثلاث نقط
domanda (f)	suʾāl (m)	سؤال
punto (m) interrogativo	ʿalāmat istifhām (f)	علامة إستفهام
punto (m) esclamativo	ʾalāmat taʿaʒʒub (f)	علامة تعجّب
tra virgolette	bayn ʿalāmatay al iqtibās	بين علامتي الإقتباس
tra parentesi	bayn al qawsayn	بين القوسين
lettera (f)	ḥarf (m)	حرف
lettera (f) maiuscola	ḥarf kabīr (m)	حرف كبير
proposizione (f)	ʒumla (f)	جملة
gruppo (m) di parole	maʒmūʿa min al kalimāt (pl)	مجموعة من الكلمات
espressione (f)	ʿibāra (f)	عبارة
soggetto (m)	fāʿil (m)	فاعل
predicato (m)	musnad (m)	مسند
riga (f)	saṭr (m)	سطر
capoverso (m)	fiqra (f)	فقرة
sinonimo (m)	murādif (m)	مرادف
antonimo (m)	mutaḍādd luɣawiy (m)	متضادّ
eccezione (f)	istiθnāʾ (m)	إستثناء
sottolineare (vt)	waḍaʿ χaṭṭ taḥt	وضع خطًا تحت
regole (f pl)	qawāʿid (pl)	قواعد
grammatica (f)	an naḥw waṣ ṣarf (m)	النحو والصرف
lessico (m)	mufradāt al luɣa (pl)	مفردات اللغة
fonetica (f)	ṣawtīyyāt (pl)	صوتيّات
alfabeto (m)	alifbāʾ (m)	ألفباء
manuale (m)	kitāb taʿlīm (m)	كتاب تعليم
dizionario (m)	qāmūs (m)	قاموس
frasario (m)	kitāb lil ʿibārāt aʃ ʃāʾiʿa (m)	كتاب للعبارت الشائعة

vocabolo (m)	kalima (f)	كلمة
significato (m)	ma'na (m)	معنى
memoria (f)	ðākira (f)	ذاكرة

18. La Terra. Geografia

la Terra	al arḍ (f)	الأرض
globo (m) terrestre	al kura al arḍiyya (f)	الكرة الأرضيّة
pianeta (m)	kawkab (m)	كوكب
geografia (f)	ʒuɣrāfiya (f)	جغرافيا
natura (f)	ṭabīʿa (f)	طبيعة
carta (f) geografica	χarīṭa (f)	خريطة
atlante (m)	aṭlas (m)	أطلس
al nord	fiʃ ʃimāl	في الشمال
al sud	fil ʒanūb	في الجنوب
all'ovest	fil ɣarb	في الغرب
all'est	fiʃ ʃarq	في الشرق
mare (m)	baḥr (m)	بحر
oceano (m)	muḥīṭ (m)	محيط
golfo (m)	χalīʒ (m)	خليج
stretto (m)	maḍīq (m)	مضيق
continente (m)	qārra (f)	قارّة
isola (f)	ʒazīra (f)	جزيرة
penisola (f)	ʃibh ʒazīra (f)	شبه جزيرة
arcipelago (m)	maʒmūʿat ʒuzur (f)	مجموعة جزر
porto (m)	mīnā' (m)	ميناء
barriera (f) corallina	ʃiʿāb marʒāniyya (pl)	شعاب مرجانيّة
litorale (m)	sāḥil (m)	ساحل
costa (f)	sāḥil (m)	ساحل
alta marea (f)	madd (m)	مدّ
bassa marea (f)	ʒazr (m)	جزر
latitudine (f)	ʿarḍ (m)	عرض
longitudine (f)	ṭūl (m)	طول
parallelo (m)	mutawāzi (m)	متواز
equatore (m)	χaṭṭ al istiwā' (m)	خط الإستواء
cielo (m)	samā' (f)	سماء
orizzonte (m)	ufuq (m)	أفق
atmosfera (f)	al ɣilāf al ʒawwiy (m)	الغلاف الجوّي
monte (m), montagna (f)	ʒabal (m)	جبل
cima (f)	qimma (f)	قمّة
falesia (f)	ʒurf (m)	جرف

collina (f)	tall (m)	تلّ
vulcano (m)	burkān (m)	بركان
ghiacciaio (m)	nahr ʒalīdiy (m)	نهر جليديّ
cascata (f)	ʃallāl (m)	شلّال
pianura (f)	sahl (m)	سهل
fiume (m)	nahr (m)	نهر
fonte (f) (sorgente)	'ayn (m)	عين
riva (f)	ḍiffa (f)	ضفّة
a valle	f ittiʒāh maʒra an nahr	في إتجاه مجرى النهر
a monte	ḍidd at tayyār	ضد التيّار
lago (m)	buḥayra (f)	بحيرة
diga (f)	sadd (m)	سدّ
canale (m)	qanāt (f)	قناة
palude (f)	mustanqa' (m)	مستنقع
ghiaccio (m)	ʒalīd (m)	جليد

19. Paesi. Parte 1

Europa (f)	urūbba (f)	أوروبّا
Unione (f) Europea	al ittiḥād al urubbiy (m)	الإتّحاد الأوروبّي
europeo (m)	urūbbiy (m)	أوروبّي
europeo (agg)	urūbbiy	أوروبّي
Austria (f)	an nimsa (f)	النمسا
Gran Bretagna (f)	briṭāniya al 'uẓma (f)	بريطانيا العظمى
Inghilterra (f)	inʒiltirra (f)	إنجلترّا
Belgio (m)	balʒīka (f)	بلجيكا
Germania (f)	almāniya (f)	ألمانيا
Paesi Bassi (m pl)	hulanda (f)	هولندا
Olanda (f)	hulanda (f)	هولندا
Grecia (f)	al yūnān (f)	اليونان
Danimarca (f)	ad danimārk (f)	الدانمارك
Irlanda (f)	irlanda (f)	أيرلندا
Islanda (f)	'āyslanda (f)	آيسلندا
Spagna (f)	isbāniya (f)	إسبانيا
Italia (f)	iṭāliya (f)	إيطاليا
Cipro (m)	qubruṣ (f)	قبرص
Malta (f)	malṭa (f)	مالطا
Norvegia (f)	an nirwīʒ (f)	النرويج
Portogallo (f)	al burtuɣāl (f)	البرتغال
Finlandia (f)	finlanda (f)	فنلندا
Francia (f)	faransa (f)	فرنسا
Svezia (f)	as suwayd (f)	السويد
Svizzera (f)	swīsra (f)	سويسرا
Scozia (f)	iskutlanda (f)	اسكتلندا

Vaticano (m)	al vatikān (m)	الفاتيكان
Liechtenstein (m)	liʃtinʃtāyn (m)	ليشتنشتاين
Lussemburgo (m)	luksimburɣ (f)	لوكسمبورغ
Monaco (m)	munāku (f)	موناكو
Albania (f)	albāniya (f)	ألبانيا
Bulgaria (f)	bulɣāriya (f)	بلغاريا
Ungheria (f)	al maʒar (f)	المجر
Lettonia (f)	lātviya (f)	لاتفيا
Lituania (f)	litwāniya (f)	ليتوانيا
Polonia (f)	bulanda (f)	بولندا
Romania (f)	rumāniya (f)	رومانيا
Serbia (f)	ṣirbiya (f)	صربيا
Slovacchia (f)	sluvākiya (f)	سلوفاكيا
Croazia (f)	kruātiya (f)	كرواتيا
Repubblica (f) Ceca	atʃ tʃīk (f)	التشيك
Estonia (f)	istūniya (f)	إستونيا
Bosnia-Erzegovina (f)	al busna wal hirsuk (f)	البوسنة والهرسك
Macedonia (f)	maqdūniya (f)	مقدونيا
Slovenia (f)	sluvīniya (f)	سلوفينيا
Montenegro (m)	al ʒabal al aswad (m)	الجبل الأسود
Bielorussia (f)	bilarūs (f)	بيلاروس
Moldavia (f)	muldāviya (f)	مولدافيا
Russia (f)	rūsiya (f)	روسيا
Ucraina (f)	ukrāniya (f)	أوكرانيا

20. Paesi. Parte 2

Asia (f)	'āsiya (f)	آسيا
Vietnam (m)	vitnām (f)	فيتنام
India (f)	al hind (f)	الهند
Israele (m)	isrā'īl (f)	إسرائيل
Cina (f)	aṣ ṣīn (f)	الصين
Libano (m)	lubnān (f)	لبنان
Mongolia (f)	manɣūliya (f)	منغوليا
Malesia (f)	malīziya (f)	ماليزيا
Pakistan (m)	bakistān (f)	باكستان
Arabia Saudita (f)	as sa'ūdiyya (f)	السعوديّة
Tailandia (f)	taylānd (f)	تايلاند
Taiwan (m)	taywān (f)	تايوان
Turchia (f)	turkiya (f)	تركيا
Giappone (m)	al yabān (f)	اليابان
Afghanistan (m)	afɣanistān (f)	أفغانستان
Bangladesh (m)	banʒladīʃ (f)	بنجلاديش
Indonesia (f)	indunīsiya (f)	إندونيسيا

Giordania (f)	al urdun (m)	الأردن
Iraq (m)	al ʿirāq (m)	العراق
Iran (m)	ʾīrān (f)	إيران
Cambogia (f)	kambūdya (f)	كمبوديا
Kuwait (m)	al kuwayt (f)	الكويت
Laos (m)	lawus (f)	لاوس
Birmania (f)	myanmār (f)	ميانمار
Nepal (m)	nibāl (f)	نيبال
Emirati (m pl) Arabi	al imārāt al ʿarabiyya al muttaḥida (pl)	الإمارات العربيّة المتّحدة
Siria (f)	sūriya (f)	سوريا
Palestina (f)	filisṭīn (f)	فلسطين
Corea (f) del Sud	kuriya al ʒanūbiyya (f)	كوريا الجنوبيّة
Corea (f) del Nord	kūria aʃ ʃimāliyya (f)	كوريا الشماليّة
Stati (m pl) Uniti d'America	al wilāyāt al muttaḥida al amrīkiyya (pl)	الولايات المتّحدة الأمريكيّة
Canada (m)	kanada (f)	كندا
Messico (m)	al maksīk (f)	المكسيك
Argentina (f)	arʒantīn (f)	الأرجنتين
Brasile (m)	al brazīl (f)	البرازيل
Colombia (f)	kulumbiya (f)	كولومبيا
Cuba (f)	kūba (f)	كوبا
Cile (m)	tʃīli (f)	تشيلي
Venezuela (f)	vinizwiyla (f)	فنزويلا
Ecuador (m)	al iqwadūr (f)	الإكوادور
Le Bahamas	ʒuzur bahāmas (pl)	جزر باهاماس
Panama (m)	banama (f)	بنما
Egitto (m)	miṣr (f)	مصر
Marocco (m)	al maɣrib (m)	المغرب
Tunisia (f)	tūnis (f)	تونس
Kenya (m)	kiniya (f)	كينيا
Libia (f)	lībiya (f)	ليبيا
Repubblica (f) Sudafricana	ʒumhūriyyat afrīqiya al ʒanūbiyya (f)	جمهوريّة أفريقيا الجنوبيّة
Australia (f)	usturāliya (f)	أستراليا
Nuova Zelanda (f)	nyu zilanda (f)	نيوزيلندا

21. Tempo. Disastri naturali

tempo (m)	ṭaqs (m)	طقس
previsione (f) del tempo	naʃra ʒawwiyya (f)	نشرة جوّيّة
temperatura (f)	ḥarāra (f)	حرارة
termometro (m)	tirmūmitr (m)	ترمومتر
barometro (m)	barūmitr (m)	بارومتر

sole (m)	ʃams (f)	شمس
splendere (vi)	aḍā'	أضاء
di sole (una giornata ~)	muʃmis	مشمس
sorgere, levarsi (vr)	ʃaraq	شرق
tramontare (vi)	ɣarab	غرب
pioggia (f)	maṭar (m)	مطر
piove	innaha tamṭur	إنّها تمطر
pioggia (f) torrenziale	maṭar munhamir (f)	مطر منهمر
nube (f) di pioggia	saḥābat maṭar (f)	سحابة مطر
pozzanghera (f)	birka (f)	بركة
bagnarsi (~ sotto la pioggia)	ibtall	إبتلّ
temporale (m)	'āṣifa ra'diyya (f)	عاصفة رعديّة
fulmine (f)	barq (m)	برق
lampeggiare (vi)	baraq	برق
tuono (m)	ra'd (m)	رعد
tuona	tar'ad as samā'	ترعد السماء
grandine (f)	maṭar bard (m)	مطر برد
grandina	tamṭur as samā' bardan	تمطر السماء بردًا
caldo (m), afa (f)	ḥarāra (f)	حرارة
fa molto caldo	al ʒaww ḥārr	الجوّ حارّ
fa caldo	al ʒaww dāfi'	الجوّ دافئ
fa freddo	al ʒaww bārid	الجوّ بارد
foschia (f), nebbia (f)	ḍabāb (m)	ضباب
nebbioso (agg)	muḍabbab	مضبّب
nuvola (f)	saḥāba (f)	سحابة
nuvoloso (agg)	ɣā'im	غائم
umidità (f)	ruṭūba (f)	رطوبة
neve (f)	θalʒ (m)	ثلج
nevica	innaha taθluʒ	إنّها تثلج
gelo (m)	ṣaqī' (m)	صقيع
sotto zero	taḥt aṣ ṣifr	تحت الصفر
brina (f)	ṣaqī' (m)	صقيع
maltempo (m)	ṭaqs sayyi' (m)	طقس سيّء
disastro (m)	kāriθa (f)	كارثة
inondazione (f)	fayaḍān (m)	فيضان
valanga (f)	inhiyār θalʒiy (m)	إنهيار ثلجيّ
terremoto (m)	zilzāl (m)	زلزال
scossa (f)	hazza arḍiyya (f)	هزّة أرضيّة
epicentro (m)	markaz az zilzāl (m)	مركز الزلزال
eruzione (f)	θawrān (m)	ثوران
lava (f)	ḥumam burkāniyya (pl)	حمم بركانيّة
tromba (f), tornado (m)	i'ṣār (m)	إعصار
uragano (m)	i'ṣār (m)	إعصار

tsunami (m)	tsunāmi (m)	تسونامي
ciclone (m)	iʿṣār (m)	إعصار

22. Animali. Parte 1

animale (m)	ḥayawān (m)	حيوان
predatore (m)	ḥayawān muftaris (m)	حيوان مفترس
tigre (f)	namir (m)	نمر
leone (m)	asad (m)	أسد
lupo (m)	ðiʾb (m)	ذئب
volpe (m)	θaʿlab (m)	ثعلب
giaguaro (m)	namir amrīkiy (m)	نمر أمريكيّ
lince (f)	waʃaq (m)	وشق
coyote (m)	qayūṭ (m)	قيوط
sciacallo (m)	ibn ʾāwa (m)	ابن آوى
iena (f)	ḍabuʿ (m)	ضبع
scoiattolo (m)	sinʒāb (m)	سنجاب
riccio (m)	qumfuð (m)	قنفذ
coniglio (m)	arnab (m)	أرنب
procione (f)	rākūn (m)	راكون
criceto (m)	qidād (m)	قداد
talpa (f)	χuld (m)	خلد
topo (m)	faʾr (m)	فأر
ratto (m)	ʒurað (m)	جرذ
pipistrello (m)	χuffāʃ (m)	خفّاش
castoro (m)	qundus (m)	قندس
cavallo (m)	ḥiṣān (m)	حصان
cervo (m)	ayyil (m)	أيّل
cammello (m)	ʒamal (m)	جمل
zebra (f)	ḥimār zarad (m)	حمار زرد
balena (f)	ḥūt (m)	حوت
foca (f)	fuqma (f)	فقمة
tricheco (m)	faẓẓ (m)	فظّ
delfino (m)	dilfīn (m)	دلفين
orso (m)	dubb (m)	دبّ
scimmia (f)	qird (m)	قرد
elefante (m)	fīl (m)	فيل
rinoceronte (m)	χartīt (m)	خرتيت
giraffa (f)	zarāfa (f)	زرافة
ippopotamo (m)	faras an nahr (m)	فرس النهر
canguro (m)	kanɣar (m)	كنغر
gatta (f)	qiṭṭa (f)	قطّة

cane (m)	kalb (m)	كلب
mucca (f)	baqara (f)	بقرة
toro (m)	θawr (m)	ثور
pecora (f)	χarūf (f)	خروف
capra (f)	māʿiz (m)	ماعز
asino (m)	ḥimār (m)	حمار
porco (m)	χinzīr (m)	خنزير
gallina (f)	daʒāʒa (f)	دجاجة
gallo (m)	dīk (m)	ديك
anatra (f)	baṭṭa (f)	بطّة
oca (f)	iwazza (f)	إوزّة
tacchina (f)	daʒāʒ rūmiy (m)	دجاج روميّ
cane (m) da pastore	kalb raʿy (m)	كلب رعي

23. Animali. Parte 1

uccello (m)	ṭāʾir (m)	طائر
colombo (m), piccione (m)	ḥamāma (f)	حمامة
passero (m)	ʿuṣfūr (m)	عصفور
cincia (f)	qurquf (m)	قرقف
gazza (f)	ʿaqʿaq (m)	عقعق
aquila (f)	nasr (m)	نسر
astore (m)	bāz (m)	باز
falco (m)	ṣaqr (m)	صقر
cigno (m)	timma (m)	تمّة
gru (f)	kurkiy (m)	كركي
cicogna (f)	laqlaq (m)	لقلق
pappagallo (m)	babaɣāʾ (m)	ببغاء
pavone (m)	ṭāwūs (m)	طاووس
struzzo (m)	naʿāma (f)	نعامة
airone (m)	balaʃūn (m)	بلشون
usignolo (m)	bulbul (m)	بلبل
rondine (f)	sunūnū (m)	سنونو
picchio (m)	naqqār al χaʃab (m)	نقّار الخشب
cuculo (m)	waqwāq (m)	وقواق
civetta (f)	būma (f)	بومة
pinguino (m)	biṭrīq (m)	بطريق
tonno (m)	tūna (f)	تونة
trota (f)	salmūn muraqqaṭ (m)	سلمون مرقّط
anguilla (f)	ḥankalīs (m)	حنكليس
squalo (m)	qirʃ (m)	قرش
granchio (m)	salṭaʿūn (m)	سلطعون
medusa (f)	qindīl al baḥr (m)	قنديل البحر

polpo (m)	uxṭubūṭ (m)	أخطبوط
stella (f) marina	naʒmat al baḥr (f)	نجمة البحر
riccio (m) di mare	qumfuð al baḥr (m)	قنفذ البحر
cavalluccio (m) marino	ḥiṣān al baḥr (m)	فرس البحر
gamberetto (m)	ʒambari (m)	جمبريّ
serpente (m)	θuʿbān (m)	ثعبان
vipera (f)	afʿa (f)	أفعى
lucertola (f)	siḥliyya (f)	سحليّة
iguana (f)	iɣwāna (f)	إغوانة
camaleonte (m)	ḥirbā' (f)	حرباء
scorpione (m)	ʿaqrab (m)	عقرب
tartaruga (f)	sulaḥfāt (f)	سلحفاة
rana (f)	ḍifḍaʿ (m)	ضفدع
coccodrillo (m)	timsāḥ (m)	تمساح
insetto (m)	ḥaʃara (f)	حشرة
farfalla (f)	farāʃa (f)	فراشة
formica (f)	namla (f)	نملة
mosca (f)	ðubāba (f)	ذبابة
zanzara (f)	namūsa (f)	ناموسة
scarabeo (m)	χunfusa (f)	خنفسة
ape (f)	naḥla (f)	نحلة
ragno (m)	ʿankabūt (m)	عنكبوت
coccinella (f)	daʿsūqa (f)	دعسوقة

24. Alberi. Piante

albero (m)	ʃaʒara (f)	شجرة
betulla (f)	batūla (f)	بتولا
quercia (f)	ballūṭ (f)	بلّوط
tiglio (m)	ʃaʒarat zayzafūn (f)	شجرة زيزفون
pioppo (m) tremolo	ḥawr raʒrāʒ (m)	حور رجراج
acero (m)	qayqab (f)	قيقب
abete (m)	ratinaʒ (f)	راتينج
pino (m)	ṣanawbar (f)	صنوبر
cedro (m)	arz (f)	أرز
pioppo (m)	ḥawr (f)	حور
sorbo (m)	ɣubayrā' (f)	غبيراء
faggio (m)	zān (m)	زان
olmo (m)	dardār (f)	دردار
frassino (m)	marān (f)	مران
castagno (m)	kastanā' (f)	كستناء
palma (f)	naχla (f)	نخلة
cespuglio (m)	ʃuʒayra (f)	شجيرة
fungo (m)	fuṭr (f)	فطر

fungo (m) velenoso	fuṭr sāmm (m)	فطر سامّ
porcino (m)	fuṭr bulīṭ ma'kūl (m)	فطر بوليط مأكول
rossola (f)	fuṭr russūla (m)	فطر روسّولا
ovolaccio (m)	fuṭr amānīt aṭ ṭā'ir as sāmm (m)	فطر أمانيت الطائر السامّ
fungo (m) moscario	fuṭr amānīt falusyāniy as sāmm (m)	فطر أمانيت فالوسياني السامّ
fiore (m)	zahra (f)	زهرة
mazzo (m) di fiori	bāqat zuhūr (f)	باقة زهور
rosa (f)	warda (f)	وردة
tulipano (m)	tulīb (f)	توليب
garofano (m)	qurumful (m)	قرنفل
camomilla (f)	babunʒ (m)	بابونج
cactus (m)	ṣabbār (m)	صبّار
mughetto (m)	sawsan al wādi (m)	سوسن الوادي
bucaneve (m)	zahrat al laban (f)	زهرة اللبن
ninfea (f)	nilūfar (m)	نيلوفر
serra (f)	dafī'a (f)	دفيئة
prato (m) erboso	ʿuʃb (m)	عشب
aiuola (f)	ʒunaynat zuhūr (f)	جنينة زهور
pianta (f)	nabāt (m)	نبات
erba (f)	ʿuʃb (m)	عشب
foglia (f)	waraqa (f)	ورقة
petalo (m)	waraqat az zahra (f)	ورقة الزهرة
stelo (m)	sāq (f)	ساق
germoglio (m)	nabta saɣīra (f)	نبتة صغيرة
cereali (m pl)	maḥāṣīl al ḥubūb (pl)	محاصيل الحبوب
frumento (m)	qamḥ (m)	قمح
segale (f)	ʒāwdār (m)	جاودار
avena (f)	ʃūfān (m)	شوفان
miglio (m)	duχn (m)	دخن
orzo (m)	ʃaʿīr (m)	شعير
mais (m)	ðura (f)	ذرّة
riso (m)	urz (m)	أرز

25. Varie parole utili

aiuto (m)	musāʿada (f)	مساعدة
base (f)	asās (m)	أساس
bilancio (m) (equilibrio)	tawāzun (m)	توازن
categoria (f)	fi'a (f)	فئة
coincidenza (f)	ṣudfa (f)	صدفة
confronto (m)	muqārana (f)	مقارنة
differenza (f)	farq (m)	فرق

effetto (m)	ta'θīr (m)	تأثير
elemento (m)	ʿunṣur (m)	عنصر
errore (m)	χaṭa' (m)	خطأ
esempio (m)	miθāl (m)	مثال
fatto (m)	ḥaqīqa (f)	حقيقة
forma (f) (aspetto)	ʃakl (m)	شكل
genere (m) (tipo, sorta)	nawʿ (m)	نوع
grado (m) (livello)	daraʒa (f)	درجة
ideale (m)	miθāl (m)	مثال
inizio (m)	bidāya (f)	بداية
modo (m) (maniera)	ṭarīqa (f)	طريقة
momento (m)	laḥẓa (f)	لحظة
ostacolo (m)	ʿaqba (f)	عقبة
parte (f) (~ di qc)	ʒuz' (m)	جزء
pausa (f)	istirāḥa (f)	إستراحة
pausa (f) (sosta)	istirāḥa (f)	إستراحة
posizione (f)	mawqif (m)	موقف
problema (m)	muʃkila (f)	مشكلة
processo (m)	ʿamaliyya (f)	عمليّة
progresso (m)	taqaddum (m)	تقدّم
proprietà (f) (qualità)	χaṣṣa (f)	خاصّة
reazione (f)	radd fiʿl (m)	ردّ فعل
rischio (m)	muχāṭara (f)	مخاطرة
ritmo (m)	surʿa (f)	سرعة
scelta (f)	iχtiyār (m)	إختيار
segreto (m)	sirr (m)	سرّ
serie (f)	silsila (f)	سلسلة
sforzo (m) (fatica)	ʒuhd (m)	جهد
sistema (m)	niẓām (m)	نظام
situazione (f)	ḥāla (f), waḍʿ (m)	حالة, وضع
soluzione (f)	ḥall (m)	حلّ
standard (agg)	qiyāsiy	قياسيّ
stile (m)	uslūb (m)	أسلوب
sviluppo (m)	tanmiya (f)	تنمية
tabella (f) (delle calorie, ecc.)	ʒadwal (m)	جدول
termine (m) (parola)	muṣṭalaḥ (m)	مصطلح
turno (m) (aspettare il proprio ~)	dawr (m)	دور
urgente (agg)	ʿāʒil	عاجل
utilità (f)	manfaʿa (f)	منفعة
variante (f)	ʃakl muχtalif (m)	شكل مختلف
verità (f)	ḥaqīqa (f)	حقيقة
zona (f)	mintaqa (f)	منطقة

26. Modificatori. Aggettivi. Parte 1

abbronzato (agg)	asmar	أسمر
acido, agro (sapore)	ḥāmiḍ	حامض
affilato (coltello ~)	ḥādd	حادّ
alto (voce ~a)	ʿāli	عال
amaro (sapore)	murr	مرّ
antico (civiltà, ecc.)	qadīm	قديم
aperto (agg)	maftūḥ	مفتوح
artificiale (agg)	ṣināʿiy	صناعيّ
basso (~a voce)	munχafiḍ	منخفض
bello (agg)	ʒamīl	جميل
buono, gustoso	laðīð	لذيذ
cattivo (agg)	sayyiʾ	سيّئ
centrale (agg)	markaziy	مركزيّ
cieco (agg)	aʿma	أعمى
clandestino (agg)	sirriy	سرّي
compatibile (agg)	mutawāfiq	متوافق
contento (agg)	rāḍi	راض
continuo (agg)	mumtadd	ممتدّ
corto (non lungo)	qaṣīr	قصير
crudo (non cotto)	nayy	نيّ
denso (fumo ~)	kaθīf	كثيف
destro (lato ~)	al yamīn	اليمين
di seconda mano	mustaʿmal	مستعمل
difficile (decisione)	ṣaʿb	صعب
dolce (acqua ~)	ʿaðb	عذب
dolce (gusto)	musakkar	مسكّر
dritto (linea, strada ~a)	mustaqīm	مستقيم
duro (non morbido)	ʒāmid	جامد
eccellente (agg)	mumtāz	ممتاز
eccessivo (esagerato)	mufriṭ	مفرط
enorme (agg)	ḍaχm	ضخم
esterno (agg)	χāriʒiy	خارجيّ
facile (agg)	sahl	سهل
felice (agg)	saʿīd	سعيد
fertile (terreno)	χaṣib	خصب
forte (una persona ~)	qawiy	قويّ
fragile (porcellana, vetro)	haʃʃ	هشّ
gentile (agg)	muʾaddab	مؤدّب
grande (agg)	kabīr	كبير
gratuito (agg)	maʒʒāniy	مجّانيّ
immobile (agg)	θābit	ثابت
importante (agg)	muhimm	مهمّ

intelligente (agg)	ðakiy	ذكيّ
interno (agg)	dāχiliy	داخليّ
legale (agg)	qānūniy, ʃarʿiy	قانونيّ, شرعيّ
leggero (che pesa poco)	χafīf	خفيف
liquido (agg)	sāʾil	سائل
liscio (superficie ~a)	amlas	أملس
lungo (~a strada, ecc.)	ṭawīl	طويل

27. Modificatori. Aggettivi. Parte 2

malato (agg)	marīḍ	مريض
maturo (un frutto ~)	nāḍiʒ	ناضج
misterioso (agg)	ɣarīb	غريب
morbido (~ al tatto)	ṭariy	طريّ
morto (agg)	mayyit	ميّت
nativo (paese ~)	aṣliy	أصليّ
negativo (agg)	salbiy	سلبيّ
non difficile	ɣayr ṣaʿb	غير صعب
normale (agg)	ʿādiy	عاديّ
nuovo (agg)	ʒadīd	جديد
obbligatorio (agg)	ḍarūriy	ضروريّ
opaco (colore)	munṭafiʾ	منطفئ
opposto (agg)	muqābil	مقابل
ordinario (comune)	ʿādiy	عاديّ
originale (agg)	aṣliy	أصليّ
per bambini	lil aṭfāl	للأطفال
perfetto (agg)	mumtāz	ممتاز
pericoloso (agg)	χaṭīr	خطير
personale (agg)	ʃaχṣiy	شخصيّ
piccolo (agg)	ṣaɣīr	صغير
pieno (bicchiere, ecc.)	malyān	مليان
poco chiaro (agg)	ɣayr wāḍiḥ	غير واضح
poco profondo (agg)	ḍaḥl	ضحل
possibile (agg)	mumkin	ممكن
povero (agg)	faqīr	فقير
preciso, esatto	daqīq	دقيق
principale (più importante)	raʾīsi	رئيسي
principale (primario)	asāsiy	أساسيّ
probabile (agg)	muḥtamal	محتمل
pubblico (agg)	ʿāmm	عامّ
pulito (agg)	naẓīf	نظيف
raro (non comune)	nādir	نادر
rischioso (agg)	χaṭir	خطر

scorso (il mese ~)	māḍi	ماض
simile (agg)	ʃabīh	شبيه
sinistro (agg)	al yasār	اليسار
solido (parete ~a)	matīn	متين
spazioso (stanza ~a)	wāsiʿ	واسع
speciale (agg)	χāṣṣ	خاصّ
sporco (agg)	wasiχ	وسخ
stretto (un vicolo ~)	ḍayyiq	ضيّق
stupido (agg)	ɣabiy	غبيّ
successivo, prossimo	muqbil	مقبل
supplementare (agg)	iḍāfiy	إضافيّ
surgelato (cibo ~)	muʒammad	مجمّد
triste (infelice)	ḥazīn	حزين
ultimo (agg)	'āχir	آخر
vecchio (una casa ~a)	qadīm	قديم
veloce, rapido	sarīʿ	سريع
vuoto (un bicchiere ~)	χāli	خال

28. Verbi. Parte 1

accendere (luce)	fataḥ, ʃaɣɣal	فتح, شغّل
accusare (vt)	ittaham	إتّهم
afferrare (vt)	amsak	أمسك
affittare (dare in affitto)	ista'ʒar	إستأجر
aiutare (vt)	sā'ad	ساعد
amare (qn)	aḥabb	أحبّ
andare (camminare)	maʃa	مشى
annullare (vt)	alɣa	ألغى
annunciare (vt)	aʿlan	أعلن
appartenere (vi)	χaṣṣ	خصّ
aprire (vt)	fataḥ	فتح
arrivare (vi)	waṣal	وصل
asciugare (~ i capelli)	ʒaffaf	جفّف
aspettare (vt)	inṭazar	إنتظر
avere (vt)	malak	ملك
avere fretta	istaʿʒal	إستعجل
avere fretta	istaʿʒal	إستعجل
avere paura	χāf	خاف
ballare (vi, vt)	raqaṣ	رقص
bere (vi, vt)	ʃarib	شرب
cacciare (vt)	iṣṭād	إصطاد
cadere (vi)	saqaṭ	سقط
cambiare (vt)	ɣayyar	غيّر

cantare (vi)	ɣanna	غنّى
capire (vt)	fahim	فهم
cenare (vi)	ta'aʃʃa	تعشّى
cessare (vt)	tawaqqaf	توقّف
chiedere (domandare)	sa'al	سأل
chiudere (vt)	aɣlaq	أغلق
cominciare (vt)	bada'	بدأ
comparare (vt)	qāran	قارن
comprare (vt)	iʃtara	إشترى
confermare (vt)	aθbat	أثبت
congratularsi (con qn per qc)	hanna'	هنّأ
conoscere (qn)	'araf	عرف
conservare (vt)	ḥafaẓ	حفظ
contare (calcolare)	'add	عدّ
contare su ...	i'tamad 'ala ...	إعتمد على...
copiare (vt)	nasaχ	نسخ
correre (vi)	ʒara	جرى
costare (vt)	kallaf	كلّف
costruire (vt)	bana	بنى
creare (vt)	χalaq	خلق
credere (vi)	'āman	آمن
cucinare (vi)	ḥaḍḍar	حضّر

29. Verbi. Parte 2

dare (vt)	a'ṭa	أعطى
decidere (~ di fare qc)	qarrar	قرّر
dimenticare (vt)	nasiy	نسي
dipendere da ...	ta'allaq bi ...	تعلّق بـ...
dire (~ la verità)	qāl	قال
discutere (vt)	nāqaʃ	ناقش
disprezzare (vt)	iḥtaqar	إحتقر
disturbare (vt)	az'aʒ	أزعج
divorziare (vi)	ṭallaq	طلّق
dubitare (vi)	ʃakk fi	شكّ في
eliminare (vt)	masaḥ	مسح
esigere (vt)	ṭālib	طالب
esistere (vi)	kān mawʒūd	كان موجودًا
essere assente	ɣāb	غاب
essere d'accordo	ittafaq	إتّفق
fare (vt)	'amal	عمل
fare colazione	afṭar	أفطر
fare le pulizie	rattab	رتّب

fidarsi (vr)	waθiq	وثق
finire (vt)	atamm	أتمّ
firmare (~ un documento)	waqqa‘	وقّع
giocare (vi)	la‘ib	لعب
girare (~ a destra)	in‘aṭaf	إنعطف
gridare (vi)	ṣaraχ	صرخ
guardare (vt)	naẓar	نظر
incontrarsi (vr)	qābal	قابل
ingannare (vt)	χada‘	خدع
insistere (vi)	aṣarr	أصرّ
insultare (vt)	ahān	أهان
invitare (vt)	da‘a	دعا
lamentarsi (vr)	ʃaka	شكا
lasciar cadere	awqa‘	أوقع
lavorare (vi)	‘amal	عمل
leggere (vi, vt)	qara’	قرأ
mancare le lezioni	ɣāb	غاب
mandare (vt)	arsal	أرسل
mangiare (vi, vt)	akal	أكل
morire (vi)	māt	مات
mostrare (vt)	‘araḍ	عرض
nascere (vi)	wulid	وُلد
nascondere (vt)	χaba’	خبأ
negare (vt)	ankar	أنكر
nuotare (vi)	sabaḥ	سبح
obbedire (vi)	ṭā‘	طاع
odiare (vt)	karah	كره

30. Verbi. Parte 3

pagare (vi, vt)	dafa‘	دفع
parlare (vi, vt)	takallam	تكلّم
parlare con …	takallam ma‘a …	تكلّم مع...
partecipare (vi)	iʃtarak	إشترك
pensare (vi, vt)	ẓann	ظنّ
perdere (ombrello, ecc.)	faqad	فقد
perdonare (vt)	‘afa	عفا
permettere (vt)	samaḥ	سمح
piacere (vi)	a‘ʒab	أعجب
piangere (vi)	baka	بكى
picchiare (vt)	ḍarab	ضرب
picchiarsi (vr)	ta‘ārak	تعارك
porre fine a … (~ una relazione)	anha	أنهى

potere (v aus)	istaṭāʿ	إستطاع
potere (vi)	istaṭāʿ	إستطاع
pranzare (vi)	taɣadda	تغدّى

pregare (vi, vt)	ṣalla	صلّى
prendere (vt)	aχað	أخذ
prevedere (vt)	tanabbaʾ	تنبّأ
promettere (vt)	waʿad	وعد
proporre (vt)	iqtaraḥ	إقترح

provare (vt)	aθbat	أثبت
raccontare (~ una storia)	ḥaddaθ	حدّث
ricevere (vt)	istalam	إستلم
ringraziare (vt)	ʃakar	شكر
ripetere (ridire)	karrar	كرّر

riservare (vt)	ḥaʒaz	حجز
rispondere (vi, vt)	aʒāb	أجاب
rompere (spaccare)	kasar	كسر
rubare (~ i soldi)	saraq	سرق
salvare (~ la vita a qn)	anqað	أنقذ
sapere (vt)	ʿaraf	عرف

sbagliare (vi)	aχṭaʾ	أخطأ
scavare (vt)	ḥafar	حفر
scegliere (vt)	iχtār	إختار
scherzare (vi)	mazaḥ	مزح
scomparire (vi)	iχtafa	إختفى
scrivere (vt)	katab	كتب

scusare (vt)	ʿaðar	عذر
scusarsi (vr)	iʿtaðar	إعتذر
sedersi (vr)	ʒalas	جلس
sorridere (vi)	ibtasam	إبتسم
sparare (vi)	aṭlaq an nār	أطلق النار

spegnere (vt)	ṭaffa	طفّى
sperare (vi, vt)	tamanna	تمنّى
spiegare (vt)	ʃaraḥ	شرح
stancarsi (vr)	taʿib	تعب
studiare (vt)	daras	درس

tentare (vt)	ḥāwal	حاول
tradurre (vt)	tarʒam	ترجم
trovare (vt)	waʒad	وجد
tuffarsi (vr)	ɣāṣ	غاص
uccidere (vt)	qatal	قتل
udire (percepire suoni)	samiʿ	سمع

vedere (vt)	raʾa	رأى
vendere (vt)	bāʿ	باع
verificare (ispezionare)	iχtabar	إختبر

vietare (vt)	mana'	منع
volare (vi)	ṭār	طار
volere (desiderare)	arād	أراد

www.ingramcontent.com/pod-product-compliance
Lightning Source LLC
Chambersburg PA
CBHW070115070426
42448CB00040B/2881
9781787169722